DE LA CESSION DES CRÉANCES

En Droit Romain et en Droit Français.

DE LA

CESSION DES CRÉANCES

En Droit Romain & en Droit Français.

DISSERTATION

POUR LE

DOCTORAT

Présentée à la Faculté de Droit de Toulouse,

PAR

JULES CAMBON LAVALETTE,

Avocat,

Né à Castres (Tarn).

TOULOUSE,

IMPRIMERIE BAYRET, PRADEL ET COMPe,

PLACE DE LA TRINITÉ, 12

1858.

DU TRANSPORT DES CRÉANCES.

OBSERVATIONS GÉNÉRALES.

Il importe à la prospérité d'une nation que le crédit public comme le crédit privé puissent prendre le plus grand développement possible. La libre et facile circulation des valeurs, des créances, est une condition indispensable de ce développement; néanmoins, au point de vue abstrait, une obligation ne peut être cédée; cela tient à la nature même de l'obligation. Nous allons, dans ce travail, examiner comment le génie subtil, mais juridique des jurisconsultes Romains, parvint à concilier deux principes qui paraissaient devoir s'exclure mutuellement : la circulation des créances et leur incessibilité. Nous les verrons dans les diverses périodes lutter contre la rigueur des principes, faire sans cesse de nouveaux progrès, et toucher, enfin, presque au but qu'ont atteint, après eux, les législations modernes.

DROIT ROMAIN.

Nous allons nous occuper, dans trois chapitres : 1° de l'origine et des formes de la cession ; 2° des effets de la cession ; 3° des créances que l'on peut céder.

CHAPITRE PREMIER.

Origine et formes de la cession.

Les jurisconsultes Romains, partant de cette idée que l'obligation est un rapport de personne à personne, n'admirent pas qu'on pût faire cession d'une créance.

Changer les termes d'un rapport, c'est créer un rapport nouveau ; c'est détruire le premier. Les Romains poussèrent cette idée si loin, qu'ils déclaraient éteintes les créances d'une succession cédée par l'héritier : « *Post aditionem vero si cesserit, nihilhominus ipse hæres permanet, et ob id creditoribus tenebitur ; debita vero pereunt, eoque modo debitores hereditarii lucrum faciunt* » (1). A l'origine, donc, on ne put, à Rome, faire cession d'une créance, et l'on dut chercher, dès-lors, à atteindre, au moyen de détours, un but que les principes juridiques ne permettaient pas d'atteindre directement.

On eut recours, en premier lieu, dans l'ancien Droit

____

(1) Gaïus, C. 2, § 35.

romain, dans la période des *actiones legis* (1), à une
délégation ; délégation qui ne pouvait s'opérer sans le
concours du débiteur. Le premier lien d'obligation était
anéanti par suite d'une nouvelle promesse que le débiteur contractait sur la stipulation de celui auquel le
créancier voulait transmettre le bénéfice de sa créance.
Il y avait novation de l'obligation primitive et formation d'une nouvelle obligation. Il est facile de comprendre combien d'inconvénients présentait un système
dans lequel on avait besoin de l'intervention d'un débiteur, dont l'intérêt n'était pas de consentir à la délégation. D'une part, en effet, il ne pouvait plus opposer
au cessionnaire les exceptions qu'il pouvait auparavant
opposer à son créancier ; d'un autre côté, en supposant
qu'il n'eût pas d'exceptions à opposer, il n'avait aucun
intérêt à changer de créancier, à moins de se faire
payer son consentement ; et, dans ce dernier cas, le
créancier déléguant devait y perdre.

Sous la période des *legis actiones*, toute représentation
en justice était rigoureusement interdite ; mais un second moyen de transmettre à un tiers le bénéfice d'une
créance vint s'offrir (2), sous l'empire de la procédure

(1) Pendant cette période, la représentation en justice est rigou-
reusement interdite : « *Nisi pro populo et libertate.* » Gaïus, 4-82.—
Justinien y ajoute deux autres exceptions : « *Pro tutela* et *pro lege
Hostilia*, dans certains cas. (Inst., 4-10.)

(2) Sous le système formulaire, la représentation fut généralement
admise, et l'on put agir en son nom propre ou par un *cognitor* que
l'on constituait solennellement devant le magistrat, pour vous représenter judiciairement. On put agir par *procurator*, que l'on insti-
tuait par la seule puissance d'un mandat : « *Procurator vero nullis
certis verbis in litem constituitur, sed ex solo mandato.* » Gaïus, 4-84
On put agir aussi *per tutorem* et *curatorem*.

formulaire qui admit la représentation en justice. Le
créancier primitif donnait au tiers qu'il voulait avan-
tager, mandat de le représenter en justice, d'agir contre son débiteur avec le droit de faire siens les bénéfi-
ces du procès ; et après la *litis contestatio,* lorsqu'il y
avait *judicium constitutum,* ce tiers devenait *dominus
litis :* « *Sed si in rem suam datus sit procurator, loco do-
mini habetur, et* (1) *ideò servandum erit pactum conven-
tum.* »

Le Préteur rédigeait la formule de façon à ce que
l'*intentio* fut conçue au nom du mandant : « *Si paret
Negidium, Mœvio centum dare oportere,* » et la *condem-
natio* au profit du mandataire : « *Judex Negidium, Titio
centum condemna si non paret absolve.* » De cette façon,
le créancier mandant est Mævius, le mandataire est
Titius, et Négidius est le débiteur. Titius, le mandataire,
prenait ici le nom de *procurator in rem suam,* puisque,
sous l'apparence d'un mandat, c'était en réalité sa
propre affaire qu'il faisait, et qu'il était dispensé de rendre compte au mandant.

Malgré, ou pour mieux dire, à cause de ces détours,
la position du tiers mandataire pouvait devenir très
critique ; son droit, en effet, prenait sa source dans un
mandat ; or, comme tout mandat, le sien était révocable soit par la volonté, soit par la mort des parties ;
malgré le mandat donné, le droit n'en continuait pas
moins de résider jusqu'à la *litis contestatio* sur la tête
du mandant qui pouvait, dès-lors, actionner le débi-

______

(1) Dig., 2-14-13, § 1.

teur, recevoir paiement, transiger, éteindre, enfin, la
dette au préjudice de son mandataire; aussi la législation romaine s'occupa-t-elle à rémédier à tous ces inconvénients et apporta-t-elle des entraves à la mau-
vaise foi du cédant.

Le mandataire était à couvert par l'effet de la *litis
contestatio*. Le plus souvent, en effet, il y avait novation et par là se trouvait éteinte l'action du cédant (1);
si la novation n'avait pu s'opérer, le mandat était repoussé par les exceptions *judicati* ou *rei in judicium
deductæ*, qui paralysaient l'action qu'il pouvait exercer
d'après le droit civil.

Lorsque le débiteur s'était libéré en partie entre ses
mains, le mandataire n'avait encore plus rien à redouter; ce paiement partiel prouvait suffisamment que le
débiteur avait connu la cession et qu'il l'avait acceptée;
ce fait avait, pour ainsi dire, comme le dit Cujas,
produit une espèce de novation; quoiqu'il en soit, il en
produisait les effets (2).

Un autre mode était encore offert au mandataire, qui
consistait à faire connaître au débiteur le mandat dont
il était revêtu. De cette façon, ce mandat devenait ir-
révocable, le paiement fait au créancier primitif après
signification faite au débiteur, ne libérait point ce dernier, qui restait tenu vis-à-vis du cessionnaire (3).

On s'est demandé si la nullité du paiement fait par
le débiteur au créancier qui avait institué un *procurator*

(1) Gaïus, C. 3. §§ 180, 181.
(2) *Oper. posth.*, t. v, Comm. c, tit. 10, lib. 4.
(3) Cod., liv. viii. t. 42. l. 3.

in rem suam s'étendait, non-seulement au cas où le cessionnaire avait fait signification (*certiorem facere*), mais encore au cas où le débiteur aurait eu, n'importe comment, connaissance de la cession.

Voët et Doneau (1) enseignent l'affirmative ; mais malgré que ce soit là une opinion répandue, nous pensons qu'on ne doit pas l'admettre, en présence des lois 3 au Code, liv. VIII, tit. 42, et loi 4, eod., liv. VIII, tit. 17, qui sont formelles dans le sens de la négative.

Enfin, l'on finit par accorder au cessionnaire les actions utiles : « *Postquàm eò decursum est ut cautiones quoque debitorum pignori dentur; ordinarium visum est, post nominis venditionem utiles emptori, vel ipsi creditori postulanti dandas actiones* » (2).

De cette façon, lorsque le mandat était éteint par la mort du mandant, ce qui arrivait au cas où il n'y avait ni *litis contestatio*, ni citation en justice, ni paiement partiel, et encore au cas où le mandant mourait sans héritier (3), ou que le mandat se trouvait éteint par la mort du mandataire, les héritiers du mandant et du mandataire purent agir en justice comme si le mandat n'avait pas été éteint.

Il faut remarquer, néanmoins, qu'au cas de mort du cessionnaire, cela ne fut admis que dans les cessions à titre onéreux, et que dans les cessions à titre gratuit, les héritiers du défunt ne pouvaient exercer d'action qu'autant qu'il y avait eu auparavant *litis contestatio*.

(1) *Ad Pandectas*, liv. XVIII, t. 4, n° 15.
(2) Code, liv. IV, tit. 39, loi 7.
(3) Code, liv. IV. tit. 10, loi 1.

Justinien abolit cette différence ; les actions utiles pas-
sèrent aux héritiers des cessionnaires à titre gratuit,
comme aux héritiers des cessionnaires à titre onéreux ;
il accorda de plus, par la même constitution, au donataire, le droit d'agir *per procuratorem* contre le débiteur, alors même qu'il n'y avait pas eu auparavant
litis contestatio, et comme le pouvait faire tout cessionnaire à titre onéreux.

Le bénéfice des actions utiles fut considérablement
étendu ; et il résulte de l'ensemble des textes sur cette
matière, que les actions utiles finirent par être accordées chaque fois que le cessionnaire avait un titre en
vertu duquel il pouvait forcer le mandant à lui céder
ses actions. Il paraît que le premier texte qui com-
mença à consacrer cette doctrine, est dû à Antonin,
qui accorda, par un rescrit, les actions utiles à l'acheteur d'une hérédité (1). Elles furent accordées également à l'acheteur d'une créance (2). Si une créance
était léguée et que les héritiers ne voulussent pas donner mandat au légataire d'exercer les actions contre
le débiteur, le légataire, sans nul doute, n'avait pas
le droit d'exercer les actions directes qui restaient aux
héritiers ; mais on lui accordait l'action utile (3).

On donnait l'action utile au mari, dans le cas où la
dot de sa femme comprenait une créance ; le mari
exerçait l'action utile « *ad similitudinem ejus qui nomen emerit,* » comme disent les textes (4).

(1) Dig., l. ii, t. 14, l. 16.
(2) Code, l. iv, t. 10, l. 1 et 2.
(3) Code, l. vi, t. 37, l. 18.
(4) Code, l. iv, t. 10, l. 2.

Nous voyons encore, dans la loi 5, au Code, l. iv, t. 15, que celui qui a reçu une créance *in solutum* peut actionner le débiteur par l'action utile *suo nomine*. Il résulte donc évidemment de l'ensemble de tous ces textes, que l'exercice de l'action utile devint indépendant de toute constitution de mandat, et fut accordé par la loi dans tous les cas où le cessionnaire avait un titre qui pouvait obliger le cédant à une cession ; aucune cession de l'action directe, non plus, n'était nécessaire pour permettre l'exercice de l'action utile, qui permît au tiers d'agir directement contre le débiteur. Nous voyons donc, dans le dernier état du Droit, quels sont les changements intervenus ; auparavant, le transfert d'une créance à un titre quelconque ne faisait qu'engager le cédant à donner mandat, à constituer le cessionnaire *procurator in rem suam ;* par sa volonté donc, le cédant pouvait, en ne donnant pas le mandat, conserver le droit sur sa tête et laisser le cessionnaire dépouillé de toute action. Le rescrit d'Antonin fut le commencement d'un système nouveau, d'après lequel tout cessionnaire acquit, en vertu de l'acte de cession et indépendamment de tout mandat, l'exercice de l'action utile, au moyen de laquelle il put actionner le débiteur en son nom propre. Dans ce dernier état, nous voyons la loi supposer elle-même la cession accomplie et investir le cessionnaire de l'action utile ; de telle sorte qu'on pourrait aller jusqu'à dire que l'action passe au cessionnaire par la seule volonté des parties. Les Romains, néanmoins, n'admirent jamais cela ; chez eux, la cession s'opéra toujours par un mandat,

que ce mandat fût donné par la volonté des parties ou
en vertu d'un texte de loi. Le respect des jurisconsultes pour les anciens principes ne leur fit jamais considérer l'action utile comme un mode indépendant de
l'action directe ; ils la déclarèrent toujours comme
étant un moyen subsidiaire et existant parallèlement
à l'action directe. Certains auteurs ont pensé que la
position du débiteur devait changer, selon que le cessionnaire agissait en vertu de l'action utile qui lui était
accordée par la loi, ou en vertu d'un mandat qui lui
aurait été concédé par le cédant. Ce que nous avons
déjà dit, montre combien cette opinion est fausse.
Nous avons vu, en effet, que la nature de toute obligation s'oppose à ce qu'un créancier puisse succéder à
un autre *titulo singulari ;* que la seule chose qui puisse
arriver dans une cession, c'est qu'on peut faire valoir
à son propre avantage la créance d'un tiers ; dès-lors,
il faut en conclure que le débiteur pourra repousser le
cessionnaire comme il aurait pu repousser le cédant,
et il faut rejeter cette idée que lorsque le cessionnaire
agissait en vertu d'une action utile qui lui était accordée par la loi, il pouvait braver les exceptions que le
débiteur eût pu opposer au cédant, puisque la loi, en
accordant les actions utiles, n'avait eu qu'un but, supposer la cession accomplie, le mandat donné ; et, dès-
lors, il est logique de reconnaître que les droits du
cessionnaire seront égaux, lorsqu'il agira en vertu
d'un mandat conventionnel et lorsqu'il agira en vertu
du mandat légal.

CHAPITRE II.

Effets de la Cession.

Lorsqu'une créance était cédée, le cédant garantis-
sait l'existence de la créance, et il devait faire abandon
au cessionnaire de toutes pièces tendant à justifier, en
cas de contestation, l'existence de la créance cédée. Le
cédant devait également remettre tout ce qu'il avait
reçu du débiteur à l'occasion de cette créance, soit
par paiement, soit par compensation, soit de toute
autre manière (1). Nous disons que le cédant doit garantir l'existence de la créance, et, par là, l'on doit
entendre qu'il doit garantir aussi qu'il n'existe pas
d'exception par laquelle le débiteur puisse se dispenser
du paiement. Dans de pareilles circonstances, il n'y
aurait pas, à vrai dire, de cession de créance, puisque
le débiteur ne pourrait être forcé au paiement. C'est
donc avec raison que la loi romaine rendait le cédant
garant des exceptions péremptoires que le débiteur eut
pu opposer.

Si l'on a déclaré céder une créance d'une somme déterminée, la garantie est due de la totalité de cette
somme; si la quotité de la créance n'a pas été fixée,
la garantie n'est due que du préjudice qu'a supporté
le cessionnaire (2). Le cédant n'est jamais garant de
la solvabilité du débiteur, à moins qu'il ne s'y soit
engagé formellement; peu importerait, du reste, que

(1) Dig., l. xviii, t. 4, l. 23, § 1.
(2) Dig., l. xviii, t. 4, l. 5.

l'insolvabilité du débiteur fût antérieure ou postérieure
à la cession, le cédant ne serait pas tenu. Le cessionnaire aurait toujours, en effet, à s'imputer sa négligence, car il aurait pu s'assurer auparavant de la solvabilité de son futur débiteur.

Le cédant sera donc tenu *pro veritate,* mais non *pro
bonitate nominis.* Il sera tenu de garantir l'existence de
la créance, il ne le sera pas de garantir *locupletem esse
debitorem* (1).

Mais il est un principe *fraus omnia corrumpit;* et,
dans ce cas, il faudra le déclarer tenu de l'insolvabilité du débiteur; c'est ce que déclare, au surplus, la
loi 74, § 3, au DIG., l. XXI, t. 2 : « *Qui nomen quale
sit vendidit, duntaxat ut sit, non ut exigi etiam aliquid
possit, et dolum præstare cogitur.* » Par là, l'on doit entendre que le vendeur qui aura employé des manœu-
vres coupables, usé de ruse, de moyens fallacieux
pour faire naître dans l'esprit de l'acheteur une
croyance trompeuse dans la solvabilité du débiteur,
sera bien responsable de l'insolvabilité de ce dernier;
mais nous pensons que ce serait aller trop loin que de
décider, comme le fait M. Molitor, que la garantie de
l'insolvabilité sera due par le cédant, au cas où ce dernier aura eu seulement la simple connaissance de l'insolvabilité au moment de la cession. Ici, en effet, il
n'y a pas fraude, et, comme nous l'avons exposé plus
haut, le cessionnaire a à se reprocher son imprudence.

Par exception, la garantie de l'insolvabilité sera

____

(1) DIG., Cod., t. 4, l. 4.

due s'il s'agit d'une créance constituée en dot ; cette exception avait été introduite à cause de la faveur que méritait le mariage.

Il est évident, en outre, que si le cédant est tenu de garantir l'existence de la créance, il est tenu aussi d'établir son droit de propriété sur la créance qu'il a cédée, c'est-à-dire que lui-même était bien réellement créancier.

L'obligation de garantie, dont le cédant était tenu vis-à-vis de l'obligation principale, s'étendait également, et avec la même force aux accessoires, dont il avait été fait mention dans la cession. Aussi la loi 30, au Dig., l. xx, t. 1, nous dit-elle : « *Periculum pignorum nominis venditi ad emptorem pertinere, si tamen probetur eas res obligatas fuisse.* » Ce qui nous montre bien que si le péril des accessoires était aux risques de l'acheteur, si la *bonitas* de ces accessoires n'était pas garantie par le cédant, ce n'était toutefois qu'à une condition : celle de prouver que ces obligations accessoires avaient été contractées valablement.

Le cédant est obligé de faire cession au cessionnaire des actions directes, tant principales qu'accessoires. Il doit céder tous les droits qui résultent de la créance, tant contre lui que contre ses garants, à moins qu'il n'y ait eu stipulation contraire. Par la même raison, celui qui a vendu sa créance sur un fils de famille doit céder aussi les actions qu'il a contre le père. Paul nous apprend encore que le cédant doit céder à l'acheteur les actions qu'il possède pour recouvrer les gages affectés à la sûreté de la créance, quoique consentis postérieurement à la vente ; car le bénéfice du vendeur doit passer en entier à l'acheteur : « *Nam beneficium venditoris prodest emptori* (1). »

Avec la créance cédée passent à l'acheteur les priviléges qui la garantissent et qui y sont attachés, *rei cohærentes ;* de même aussi le débiteur cédé peut opposer au cessionnaire les exceptions qu'il eut pu opposer au cédant avant la notification ; la cession, en effet, ne peut pas rendre sa position pire. Ainsi, il pourra opposer au cessionnaire la compensation qu'il pouvait opposer au cédant. Bien entendu, il ne peut lui opposer les exceptions dont la cause serait postérieure à la notification, ni celles qui, ne se rapportant pas au fond de la créance, ne se rapportent qu'à la procédure, si toutefois la cause de ces exceptions n'existe pas chez le cessionnaire. Le débiteur pourra repousser par l'exception de dol le cessionnaire, de même qu'il repousserait le cédant qui, au mépris d'un pacte ou d'une transaction, viendrait réclamer le paiement. Il est encore bien certain qu'il le repoussera si la dette a été éteinte par un mode quelconque, et qu'il pourra contester au cessionnaire sa qualité, et lui opposer les exceptions ayant trait *ad causæ legitimationem.*

Quid des exceptions que le débiteur pouvait opposer au cédant *ex sua persona ?* On décide généralement que le débiteur les opposera valablement au cessionnaire. A ce sujet, on critique vivement l'opinion de Mühlenbruch, qui soutient que le cédé ne pourra opposer au

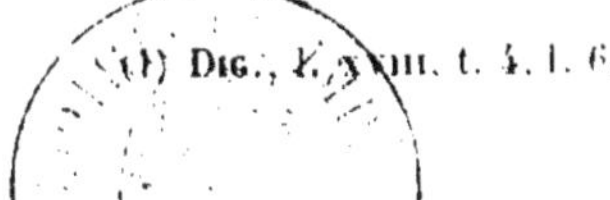

(1) Dig., XVIII, t. 4, l. 6.

cessionnaire étranger l'exception de compétence (*bene-ficium competentiæ*) qu'il pouvait opposer au cédant. Au premier abord, il paraît en effet inique de priver le débiteur du secours que la loi lui avait accordé, et de le replacer, par l'effet d'une cession, dans la pire condition d'où la loi l'avait voulu faire sortir. Ces idées pourtant ne doivent être acceptées qu'avec réserve; nous pensons même qu'elles doivent être écartées et qu'elles sont contraires aux principes. La loi, en effet, n'a établi l'exception de compétence qu'en faveur de considérations toutes personnelles, qu'à cause des rapports qui existent entre tel débiteur et tel créancier déterminé; or, il nous paraît qu'une fois que ces rapports ont disparu entre le créancier et le débiteur, le droit commun doit reprendre son empire. Le bénéfice de compétence, en effet, ne touche pas le fond de la créance, et il la diminue si peu, que le débiteur ne pourra pas l'opposer aux héritiers de la personne à l'égard de laquelle il en jouissait.

Les priviléges personnels au cédant passent-ils sur la tête du cessionnaire non privilégié? Admettre l'affirmative serait aller contre la nature même de ces priviléges, et la négative n'est pas douteuse. Ces priviléges, en effet, ne se trouvent dans aucun rapport direct avec le fond de la créance; et quoique le cessionnaire n'exerce, au fond, que le droit du cédant, il n'en est pas moins vrai que c'est en son nom propre qu'il intente l'action. Nous devons remarquer, toutefois, que la cession opère à l'égard de toute la créance, et telle qu'elle se trouvait au moment de la cession; dès-lors, si la créance s'est

augmentée par suite de l'exercice d'un privilége personnel, de telle sorte qu'au moment de la cession la
créance ait une plus grande valeur qu'à l'origine, la
cession comprendra les augmentations survenues. De
même, nous admettons que si le cessionnaire était une
personne privilégiée, la créance ne serait pas garantie
par de nouveaux priviléges, et que le cessionnaire ne
pourrait user que du droit commun. Nous trouvons,
néanmoins, une exception à ces règles, en ce qui concerne le privilége du fisc. Une décision de Modestin,
renfermée dans la loi 43, au Dig., l. xxii, t. 1, déclare
que le privilége du fisc de voir courir les intérêts à son
profit, sans aucune stipulation, passe au cessionnaire
du fisc : « *Herennius respondit ejus temporis quod cessit,
postquam fiscus debitum percepit, eum qui mandatis a
fisco actionibus experitur, usuras quæ in stipulatum deductæ non sunt petere posse.* » Il nous semble, néanmoins,
qu'on ne doit pas donner à cette loi une pareille portée.
Elle paraît supposer, en effet, qu'au moment de la
cession il est intervenu entre le cessionnaire et le débiteur une stipulation au sujet des intérêts, et le jurisconsulte pense que le cessionnaire pourra réclamer
en outre les intérêts non compris dans la stipulation,
c'est-à-dire ceux ayant couru antérieurement à la cession. C'est à cette explication que nous nous arrêterons;
et regardant la décision de la loi comme n'ayant trait
qu'aux intérêts qui avaient couru au profit du fisc
jusqu'au moment de la cession, nous n'y verrons pas
une exception aux principes de la loi 68, au Dig.,
l. i., t. 17 : « *In omnibus causis id observatur ut, ubi*

personæ conditio locum facit beneficio, ibi deficiente ea, beneficium quoque deficiat. » Nous devons, en outre, faire remarquer que dans l'édition des *Basiliques* et du scholiaste *Cyrile*, les deux derniers mots de notre loi 43, sont précédés d'un *non*, qui ramène son sens au principe de la loi 68.

Mais lorsque le fisc succède à un particulier, il use de son privilége pour le temps postérieur à la cession. « *Fiscus cum in privati jus succedit privati jure pro anterioribus suæ successionis temporis utitur : cæterum posteaquam successit, utitur privilegio suo* » (1).

Quant aux priviléges qui ne touchent pas au fond de la créance, qui concernent seulement la procédure, il faut admettre qu'ils peuvent être exercés par l'acheteur privilégié ; car si ce dernier exerce le droit d'autrui, il l'exerce néanmoins pour lui-même.

CHAPITRE III.

Quelles créances peut-on céder?

On peut céder les créances pures et simples et les créances à terme ou sous condition ; seulement, il faut distinguer si l'évènement de la condition affecte la vente même de la créance ou s'il ne continue qu'à affecter la créance. Au premier cas, évidemment, la vente sera nulle si la condition fait défaut ; au second cas, la vente sera parfaite *ab initio* (2).

(1) Dig., l. xliv, t. 14, l. 6.
(2) Dig., l. xviii, t. 4, l. 17-19.

Le principe que l'on doit admettre en cette matière, c'est que toute créance est cessible; néanmoins, il y a des exceptions nombreuses à la cessibilité. Des auteurs ont voulu poser en principe que les droits cessibles étaient les droits transmissibles aux héritiers, et qu'au contraire les droits intransmissibles aux héritiers étaient incessibles. Cette idée, qui se trouve vraie dans la plupart des cas particuliers, ne peut pas cependant être admise comme principe. Nous voyons, en effet, dans la loi 2, au Code, liv. VIII, tit. 37, que les actions litigieuses qui sont parfaitement transmissibles aux héritiers, ne peuvent être cédées; et, d'un autre côté (1), nous voyons que l'usufruit peut être cédé, quoiqu'il ne soit pas transmissible aux héritiers.

Il faut donc reconnaître l'impossibilité de diviser ainsi, par un principe absolu, les droits cessibles et les droits incessibles, et dès-lors essayer, par des distinctions, de donner des notions exactes sur le caractère de cette division.

On peut distinguer, dès l'abord, deux espèces d'incessibilité : l'incessibilité absolue et l'incessibilité relative.

L'incessibilité absolue comprend trois catégories distinctes : 1° les droits et les créances qui ne font pas partie de notre patrimoine, qui ne sont pas *in bonis :* ainsi, par exemple, les *actions populaires.* Ces actions, en effet, dont l'exercice appartient à tout le monde, ne sont, par cela même, la propriété exclusive de per-

(1) Dig., l. xvii, t. 1, l. 12, § 2, et l. 67

sonne. Aussi lisons-nous dans les textes qui les concernent (1), que, sans doute, celui qui est obligé de défendre à une action populaire intentée contre lui, peut bien choisir un *procurator ;* mais que cette faculté n'existe plus pour celui qui intente une pareille action.

Nous trouvons encore dans les textes des dispositions qui déclarent que certaines actions ne font pas partie de notre patrimoine : ainsi, avant la *litis contestatio :* « *Injuriarum actio in bonis nostris non computatur,* » nous dit Ulpien, au Dig., loi 28, l. xlvii, t. 10. Il peut sembler étonnant que l'*actio injuriarum,* qui entraîne, en définitive, une peine pécuniaire, ne soit pas considérée comme étant *in bonis,* et qu'à ce titre elle ne puisse être cédée. Néanmoins, il n'en est pas moins vrai que si cette action aboutit à une condamnation pécuniaire, c'est par la force même des choses ; et l'on ne peut pas dire que cette action soit appréciable en argent. Or, c'est à ce dernier caractère surtout que l'on reconnaît si une chose fait ou non partie de notre patrimoine.

Il nous paraîtrait difficile de ranger dans cette catégorie de droits incessibles, parce qu'ils ne sont pas *in bonis,* les actions en révocation de donation pour cause d'ingratitude, et la *querela inofficiosi testamenti,* comme le fait Mülhenbruch, auquel, du reste, nous avons emprunté les idées fondamentales de la division qui nous occupe. Il nous paraît que ces actions doivent être considérées comme fesant partie de notre patrimoine ; il serait difficile de ne pas reconnaître qu'elles sont par-

(1) Dig., l. xlvii. t. 23, l. 5.

faitement appréciables en argent. Rien de plus facile
que de fixer ainsi la valeur d'une action tendant, soit
à recouvrer un objet donné et déterminé, soit à obtenir
une hérédité. Nous pensons donc que ce n'est pas pour
ce motif qu'on ne peut pas céder ces actions, mais bien
plutôt parce qu'elles sont inséparablement attachées à
la personne par leur nature et surtout par la volonté de
la loi. Ainsi, nous lisons au Code que l'action en révocation de donation, pour cause d'ingratitude, accordée
aux mères (qui n'ont pas convolé en secondes noces)
contre leurs enfants, leur sera rigoureusement person-
nelle et sera assimilée aux actions *quæ vindictam spi-
rant*, en ce sens qu'elle ne sera pas donnée contre
l'héritier du fils et qu'elle ne pourra être exercée par
les héritiers de la mère. Nous voyons dans ces textes
avec quelle insistance le législateur revient sur le caractère rigoureusement personnel qu'il entend attribuer
à l'action générale en révocation pour cause d'ingratitude. Il nous semble même que les textes condamnent
l'opinion de Mülhenbruch ; car nous lisons dans la loi 32,
au Dig., 35-2, que les actions pénales, excepté les actions populaires dont nous avons déjà parlé, font partie des biens du demandeur, quoiqu'elles puissent être
réduites à rien par la mort du défendeur : « *Penales
actiones, sive legitimæ, sive honorariæ, exceptis popula-
ribus, in bonis actoris non minus ideo computandæ sunt,
quia morte reorum intercidere possunt.* »

Ces actions rentreront donc dans une seconde catégorie de droits que nous déclarerons incessibles,
parce qu'ils sont attachés à la personne, soit par leur

nature même, soit par la volonté de la loi, ou par la volonté de l'homme. On peut encore y joindre le droit d'usage (1) et le droit aux aliments, lorsqu'il est né d'un testament, d'un codicile ou d'une donation à cause de mort. Dans ces cas, en effet, le droit n'a pour base que la considération de telle personne déterminée, et il n'aurait plus de raison d'exister si la personne était changée.

On range encore dans cette catégorie tous les droits compliqués d'obligations contractées par le créancier envers son débiteur ; cela suppose, nécessairement, un contrat bilatéral, puisqu'il y est question d'obligations réciproques. Un exemple fera ressortir cette idée : Dans le mandat, le mandataire créancier du mandant pour les dépenses qu'il a été obligé de faire à l'occasion du mandat qu'il avait accepté, peut bien, sans doute, céder son action *mandati contraria*, mais il ne pourra la céder de telle façon que le mandant soit obligé de s'en tenir au cessionnaire pour les demandes qu'il pourrait avoir à diriger contre le mandataire. Ici, en effet, le mandataire créancier a une action contre le mandant, mais son droit est compliqué des obligations qu'il a contractées envers le mandant par suite du mandat qu'il a accepté. On ne peut, en effet, forcer un tiers envers lequel on s'est obligé, à poursuivre ses droits contre le cessionnaire qu'il vous plaira de choisir.

En troisième lieu, sont incessibles, les droits qui ne sont que l'accessoire d'un autre droit ; par exemple, le

____

(1) Dig., liv. ii, tit. 15, l. 8

cautionnement et l'hypothèque; mais, bien entendu, en
ce sens seulement que ces droits ne peuvent être dé-
tachés de l'obligation primitive pour garantir une nouvelle obligation principale. Il est de principe, en effet,
en matière de cession, que le cessionnaire doit exercer
le droit cédé de la même manière que le cédant l'eût
pu et dû exercer lui-même; ce serait aller contre cette
idée qu'affecter une caution ou une hypothèque à une
créance autre que celle pour laquelle elles ont été cons-
tituées.

Telles sont les catégories d'actions, de droits incessibles d'une manière absolue; passons aux prohibitions
relatives, qui ont toutes leur origine dans la loi.

Nous pouvons citer la créance sur un pupille, qui ne
peut être cédée au tuteur pendant la tutelle, ni même
après l'expiration de la tutelle, si la dette existait au
temps de la tutelle. La cession ne peut pas plus avoir
lieu à titre gratuit qu'à titre onéreux, au profit du tuteur lui-même, ou d'une personne interposée : « *Licet hæc
cessio pro veris causis facta sit,* » ajoute le législateur; puis
il continue : « *Non ut remcet rursus ad eum qui cessit,
tanquam si nihil quasi in medium contra legem visum
fuerit actum : sed cadat ab eis, quæ ex hoc sunt quæsita
propter transgressionem nostræ legis et hæc minorem lu-
crari* » (1).

Une seconde prohibition est relative aux droits litigieux ; le droit est litigieux (2) lorsqu'il y a *litis contestatio;* la cession ne peut avoir lieu à aucun titre. La

(1) Nov. 72, cap. 5.
(2) Nov. 112, cap. 1, *In princ.*

sanction de cette prohibition est contenue dans la loi 4, au Code, 8, 37, *de Litigiosis.* L'acheteur, même de bonne foi, d'une créance litigieuse, sera repoussé par l'exception *litigiosi ;* ainsi donc, la vente ne pourra produire aucun effet, si le débiteur oppose valablement son exception ; de plus, les acheteurs et les vendeurs étaient punis de peines pécuniaires.

Des exceptions avaient été introduites en faveur des cessions opérées à titre de dot, de donation *ante-nup-tias,* de transaction, de partage, de legs, de fidéi-com-mis. Dans tous ces cas, en effet, la cession cesse d'être vue avec défaveur; ses motifs sont favorables, et il était juste de ne pas sévir lorsqu'elle avait lieu dans de telles circonstances.

Pour le cas où un legs était fait d'une créance liti-gieuse, une constitution de Gratien et Valentinien (1) décidait que l'héritier devait payer au légataire l'esti-mation du procès; mais la Novelle 112 rendit au legs d'un procès le caractère aléatoire (2), et, dès-lors, l'hé-ritier ne fut plus tenu de livrer la chose que s'il gagnait le procès; le légataire put, dès-lors, intervenir aux débats.

Théodose défendit toute cession faite *ad potentiorem,* c'est-à-dire à tout tiers qui, par les priviléges attachés à sa personne, à sa position sociale, aggraverait la situation du débiteur. La cession faite au mépris de cette prohibition était nulle, et le créancier perdait son

(1) L. III, Code, *de Litigiosis.*
(2) Nov. 112, ch. 1. § *Et hoc præsenti.*

action (1) : « *Si cujuscunque modi actiones ad potentio-rum fuerint delatæ personas, debiti jactura mulctentur. Aperta enim credentium videtur esse voracitas, qui alios actionum suarum redimunt exactores.* » Il est facile d'apercevoir sous ce langage emphatique la haine et l'odieux que des spéculations trop fréquentes, sans doute, avaient attiré sur les acheteurs de procès.

On s'est demandé si l'obligation naturelle survivait à la perte de l'action civile. On peut dire, dans le sens de l'affirmative, que la perte de l'action infligée au créancier étant prononcée à titre de peine, l'obligation naturelle ne sera pas détruite, et que ce sera le cas d'appliquer ici ce texte du Digeste : « *Si pœnæ causa ejus, cui debetur, debitor liberatus est, naturalis obligatio manet*(2). » Il nous semble, néanmoins, que l'on doit admettre l'opinion contraire, et que le texte que nous venons de citer s'applique au cas où la loi veut seulement écarter l'action du créancier, mais qu'il ne saurait avoir d'application dans notre espèce, où la loi prononce une déchéance : « *Jactura debiti mulctentur.* »

Afin de mettre un terme aux abus qu'avait fait naître le commerce des créances, l'empereur Anastase décida, par une de ses constitutions, qu'aucun cessionnaire ne pourrait se faire payer au-delà du prix qu'il avait déboursé pour acquérir la créance (3). La loi d'Anastase avait pour but de mettre les débiteurs à

---

(1) Code, 2, 44.
(2) Dig., loi 19, l. xii. t. 6.
(3) Code, 4. 35, 22.

l'abri des vexations que pratiquaient contre eux des spéculateurs avides et intrigants ; aussi exceptait-elle de ses dispositions les cessions opérées à titre gratuit ; encore celles qui résultaient d'un partage entre co-héritiers ou co-légataires ; les cessions faites à titre de *datio in solutum ;* elle ne comprend pas non plus le cas où le possesseur d'une chose hypothéquée pour sûreté d'une créance, acquiert cette créance afin de consolider son droit sur la chose.

Mais cette loi n'atteignit pas son but ; elle fut éludée à la faveur des exceptions même qu'elle avait créées ; elle ne s'appliquait pas, nous l'avons vu, aux cessions opérées à titre gratuit. Dès-lors, les acheteurs n'en continuèrent pas moins leurs spéculations, achetant à bas prix ces créances sur lesquelles ils avaient l'habitude de spéculer, et se faisant, pour le surplus, consentir donation par les vendeurs ; de cette façon, ils avaient action jusqu'à concurrence de la valeur entière de la créance.

Justinien essaya de porter remède à cet état de choses (1) ; il abolit les exceptions faites par la constitution d'Anastase ; il défendit de céder une créance en partie à titre onéreux et en partie à titre gratuit, et ne permit à ceux qui deviendraient ainsi acquéreurs de pareilles créances, d'agir que jusqu'à concurrence de ce qu'ils avaient payé ; il décida que le surplus ne profiterait ni au cédant, ni au cessionnaire. Nous voyons donc que, dans le dernier état du droit, des abus regret-

(1) Code. 4, 35, 23.

tables avaient entrainé l'adoption de mesures législati-
ves dont la rigueur alla au-delà du but qu'elles auraient
dû atteindre ; que depuis Anastase, la circulation des
valeurs était devenue impossible en fait, et l'on comprend facilement les entraves que de pareilles dispositions durent apporter au crédit public et à l'intérêt
général.

DROIT FRANÇAIS.

—

CESSION DES CRÉANCES.

Dans notre ancien Droit français, la cession de créances conserva, en principe, le caractère de mandat qu'elle avait en Droit romain; mais les jurisconsultes eux-mêmes n'y voyaient qu'une pure subtilité et déclaraient qu'on pouvait, en fait, transporter les créances, les donner, les vendre, en disposer, en un mot, à quelque titre que ce fût. « Il n'est pas même nécessaire, ajoute Pothier, que l'acte qui en contient le transport exprime le mandat dans lequel nous venons d'expliquer que ce transport consiste » (1).

Notre ancien Droit subordonnait, néanmoins, l'effet de cette transmission à une condition nécessaire pour sa validité. Assimilant la vente d'une créance à la vente d'une chose corporelle qui, avant que la tradition en soit faite par le vendeur, restait la propriété de ce dernier, notre ancien Droit établit que tant que le cessionnaire n'aurait point fait signifier au débiteur le transport qui lui avait été fait, le cédant resterait saisi de la créance qu'il avait transportée. C'est ce que porte, au reste, l'art. 168 de la Coutume de Paris : « Un simple

(1) Pothier, *de la Vente,* 550.

transport ne saisit point ; il faut signifier le transport à
la partie, et en bailler copie auparavant que d'exécuter. »

L'idée de mandat a disparu dans notre Droit moderne,
et la propriété des créances est transférée de même que
la propriété des corps certains.

Un droit peut changer de mains sans que ce soit une
vente qui opère ce déplacement. Par la délégation, par
la subrogation, par l'indication de paiement, ce résultat peut s'atteindre également. Ces divers modes quelquefois, et dans un sens général, sont compris sous la
désignation générique de *cession*. Néanmoins, ce n'est
pas à ce point de vue général que nous allons traiter
notre matière ; nous nous occuperons particulièrement
de la transmission de créances qui s'opère par la vente,
et qui porte aussi le nom de *transport*. Nous allons considérer la cession des créances sous le rapport de sa
forme et des conditions de sa validité, quant aux personnes qui peuvent en être les sujets, quant aux choses qui peuvent en être l'objet ; enfin, quant aux effets
qu'elle produit.

§ 1er. — Des formes de la cession.

Le pouvoir exclusif d'exercer les droits et actions
attachés à une créance, passe au cessionnaire, en ce
qui concerne le cédant, par le seul effet du contrat de
cession.

Ce contrat n'est autre que le contrat de vente appliqué aux créances. Dès-lors nous devrons le reconnaître régi par les principes généraux de ce contrat,
lorsqu'un texte spécial ne viendra pas les modifier. Il

sera parfait lorsqu'il y aura consentement sur la chose et le prix.

Il n'est pas nécessaire, pour la validité du contrat, de la présence ou de l'intervention du débiteur.

Mais si le transport est parfait entre les parties par le consentement, il n'en est pas de même vis-à-vis des tiers. Le transport n'est valable vis-à-vis des tiers que par la signification faite au débiteur. Ce principe a sa source dans l'art. 108 de la Coutume de Paris, que nous avons reproduit plus haut.

Le deuxième alinéa de l'art. 1690 admet, comme équivalent légal de la signification, l'acceptation du transport faite par le débiteur dans un acte authentique. Remarquons même que, par suite de l'art. 1295, ce second mode sera plus avantageux au cessionnaire, auquel le débiteur ne pourra plus opposer la compensation qu'il pouvait opposer auparavant au cédant; son acceptation fait présumer sa renonciation à opposer les exceptions qu'il eût pu opposer au cédant.

Ces formalités sont destinées à protéger les tiers; mais ce n'est pas ici, dans une publicité qui n'existera pas, à proprement parler, que les tiers trouveront une garantie suffisante : leur seule ressource sera de s'informer auprès du débiteur, qui aura nécessairement connaissance du transport, et de s'en rapporter à sa bonne foi. Il arrivera, dès-lors, le plus souvent, que cette garantie sera suffisante; car le débiteur n'aura pas d'intérêt à les tromper.

La signification se fera par une notification au débiteur, par acte d'officier ministériel. Elle doit être faite à personne ou à domicile; nous pensons qu'elle ne pourrait pas être faite valablement au parquet du procureur impérial. Il ne sera pas nécessaire que l'acte contienne copie entière de l'acte de cession : il suffira que le débiteur ait une connaissance quelconque de l'acte de cession. Cette obligation de bailler copie de l'acte de cession était en vigueur dans notre ancien Droit coutumier; nous l'avons vue mentionnée dans l'article 108 précité de la Coutume de Paris, qui a été la source de notre 1690. Le Code Napoléon a supprimé cette nécessité, en retranchant dans sa rédaction les mots : « *et en bailler copie.* »

Si la signification est nulle, la cession ne produira pas d'effet à l'égard des tiers; pour apprécier sa régularité, on devra consulter les dispositions générales sur les formalités à observer pour les exploits (1).

La loi déclare qu'à défaut de signification l'acceptation du débiteur par acte authentique saisira le cessionnaire. A cet égard, les termes de la loi permettent de penser que l'acceptation est valable lorsqu'elle est contenue dans le titre même qui renferme le transport, pourvu qu'il soit authentique. L'authenticité est-elle exigée absolument, et une acceptation par acte sous seing-privé ne produirait-elle aucun effet ? Sans doute, une acceptation par acte sous seing-privé ne pourrait, en principe, avoir aucune valeur vis-à-vis des tiers; la loi exige la condition de l'authenticité, qui sera nécessaire pour qu'une acceptation produise

____

(1) Duvergier. 2, 185.

son effet; mais une acceptation sous seing-privé n'aura-t-elle pas d'effet dans les rapports du cédé et du cessionnaire? Il nous semble que la solution de ce cas se trouve dans l'art. 1322; aussi n'hésitons-nous pas à penser que le débiteur serait engagé, que le cessionnaire serait saisi à son égard, et que le paiement fait au cédant n'entraînerait pas sa libération; on peut dire, en effet, qu'en acceptant par acte sous seing-privé, le cédé a promis au cessionnaire de ne pas faire un paiement à son préjudice; s'il paie, il manque à ses engagements et il doit indemniser le cessionnaire du préjudice qu'il lui occasionne. Nous irons même jusqu'à admettre qu'une acceptation verbale liera le cédé au cessionnaire, qui sera autorisé à faire la preuve en se conformant aux règles admises en matière de témoignage. C'est là l'opinion de M. Duranton, 16, n° 496, et de M. Troplong, 2, n° 901. On peut aller même jusqu'à soutenir, ce nous semble, que le fait d'un paiement pareil équivaut à une acceptation.

On a agité la question de savoir si la signification ne serait pas suppléée par la connaissance que le débiteur pourrait avoir autrement de la cession. Malgré que l'affirmative ait été soutenue dans l'ancien Droit, et même que de nos jours la Cour de Cassation, par arrêt du 13 juin 1831 (1), ait paru la consacrer jusqu'à un certain point, nous pensons qu'en principe c'est la négative qui doit prévaloir. Le Code a déclaré que le débiteur n'était réputé connaître la cession, et

(1) Dalloz, 31, 1, 242.

n'était lié que par l'accomplissement de certaines formalités déterminées; dès-lors, ce serait refaire la loi que de permettre aux juges d'induire des circonstances que le débiteur a eu ou non connaissance de la cession. La Cour de Cassation dans son arrêt, nous devons le dire, ne tranche pas absolument la question; car elle paraît avoir reconnu la fraude, dans l'espèce qui lui avait été soumise : « Or, *fraus omnia corrumpit.* »

Nous devons signaler quelques exceptions créées par la loi à la nécessité de la signification ou de l'acceptation :

1° Les lettres de change, les billets à ordre, les actions émises par les sociétés, sont valablement transmis par la voie de l'endossement (136, C. Com.)

Néanmoins, nous devons dire que nous ne considérons pas l'endossement d'une lettre de change comme une cession ordinaire ; la lettre de change, à notre avis, n'est pas, comme on l'enseigne d'après Pothier, l'exécution d'un contrat de change. Nous n'avons pas, de nos jours, à éluder les dispositions dont l'Eglise frappait autrefois le prêt à *usure.* Si la doctrine de cette époque devait essayer de défendre la lettre de change contre l'opinion qui allait jusqu'à considérer le change comme un espèce de prêt, et à le blâmer, en conséquence, comme illicite et usuraire, il n'en est pas moins vrai que ces considérations n'existent pas aujourd'hui, et que, dès-lors, on doit rejeter les théories forgées sous l'empire de ces préoccupations. De nos jours, la lettre de change est une valeur réelle ; le papier emporte le droit de réclamer le paiement, et le paiement ne doit s'effectuer que sur la représentation de ce papier. En conséquence, l'endossement d'une lettre de change ne sera pas, pour nous, un mode de cession de créance , ce sera l'acte par lequel se transmettra une valeur réelle ; c'est ainsi que l'accepteur d'une lettre de change ne peut opposer la compensation au porteur de la lettre, quoiqu'il pût l'opposer à celui qui en avait fourni la valeur, et l'accepteur ne pourra pas, non plus, opposer au porteur les exceptions qu'il eût pu opposer au précédent endosseur.

Nous ne pouvons nous étendre ici sur cette matière qui exige de grands développements, et nous nous contenterons de dire que, dans notre Code , on doit regretter de nombreuses dispositions insérées sous l'influence des idées que la routine avait répandues chez nos anciens jurisconsultes. C'est ainsi, par exemple, qu'on ne peut justifier ce texte qui exige que l'endossement exprime la valeur fournie ; que l'endossement soit daté, etc. Toutefois, d'après les règles positives de notre Code, l'endossement doit être daté ; il doit énoncer le nom de celui au profit duquel il est fait, et contenir la déclaration qu'il est à l'ordre de cette personne ; enfin, il doit être signé de son auteur.

Malgré ces prescriptions, dont la plupart pourraient faire croire que notre Code est resté fidèle aux anciens principes, d'excellents esprits prétendent qu'il consacre la théorie que la lettre de change est une valeur *in rem ;* c'est ainsi qu'il déclare, dans son art. 136, que l'endossement régulier transfère la propriété de la lettre de change ; que le débiteur de la lettre de change ne pourra opposer au porteur aucune exception de compensation acquise du chef du cédant, ou des endosseurs antérieurs (art. 146, C. Comm.), et qu'il ne pourra se prévaloir d'aucune opposition faite entre ses mains par les créanciers de ces endosseurs (art. 149, Code de Commerce).

Toutefois, s'il nous était permis d'exprimer en cette matière notre sentiment, nous pencherions à croire que les rédacteurs du Code, sans avoir admis franchement la théorie que nous venons de signaler, n'en ont pas moins été entraînés par les progrès de l'institution et par les besoins impérieux du commerce, et que, dès-lors, ils ont été conduits nécessairement à admettre les conséquences d'un principe qu'ils n'ont pas osé nettement proclamer.

2° Un second mode spécial est relatif aux créances sur l'Etat : il consiste à inscrire au nom du cessionnaire la créance qui est au nom du cédant dans les registres de l'Etat, et à faire certifier ce changement par la signature des parties et de certains tiers déterminés selon le cas.

Ces créances, dites nominatives, sont réputées, vis-à-vis de l'Etat, appartenir à celui dont le nom est inscrit sur le livre ; de cette façon, l'Etat connaît toujours ses créanciers, et si le contrat est synallagmatique, il sait encore à qui il doit s'adresser pour faire exécuter les obligations. Ce mode a été étendu aux sociétés dont les actions se sont élevées à l'importance d'effets publics.

3° Un troisième mode est relatif aux billets au porteur. Ces créances se confondent avec le titre qui les constate, et le transport en est opéré par la simple délivrance ; elles sont régies par les art. 1141 et 2279, Code Napoléon.

Nous pouvons signaler encore un mode exceptionnel, qui consiste dans le transport qui peut s'opérer par autorité de justice. Une créance est transportée sur la tête de l'adjudicataire par l'effet du jugement rendu à son profit, ou par l'opération qui aura été employée pour la cession. (C. Pr., 636, 655.)

Les juges, usant du droit que leur donne l'art. 2078, peuvent attribuer au créancier la créance donnée en gage, à titre de dation en paiement.

Nous devons encore faire remarquer ici le cas de l'art. 1166 : dans les cas où cet article permet aux créanciers d'exercer les droits de leur débiteur, il faut reconnaître qu'en dehors des actes conservatoires, les créanciers ne peuvent agir qu'avec l'autorisation de la justice ; leur permettre d'agir, d'exercer à leur volonté les droits de leur débiteur, serait un résultat par trop dangereux et que la loi n'a pas voulu admettre (1). Nous reconnaîtrons donc que l'exercice des droits d'un débiteur par son créancier, ne peut avoir lieu que par suite d'une procuration judiciaire. Il importe, toutefois, de ne pas assimiler les effets de la procuration judiciaire de l'article 1166 aux effets d'une cession. Par l'effet de la procuration, le créancier est autorisé à exercer les droits de son débiteur ; mais le bénéfice de

(1) V. art. 788, C. Nap.

l'action ne lui appartient pas exclusivement; il est le gage commun de la masse des créanciers et ne sort pas du patrimoine du débiteur. Toutefois, ce dernier ne pourra, au mépris de la procuration et dès qu'il en aura eu connaissance, disposer de ses droits de façon à rendre illusoire la poursuite des créanciers.

§ 2. — **Des personnes capables de cession.**

Le principe qu'il faut admettre en cette matière, c'est que toutes personnes sont capables de cession, excepté celles que la loi en déclare incapables.

Et, d'abord, nous voyons dans l'art. 450, *in fine*, C. Nap., que le tuteur ne peut accepter la cession d'aucun droit ou action contre son pupille, ou appartenant à ce dernier (1).

La loi, en interdisant au tuteur d'acheter au mineur, a craint qu'il n'abusât de sa position pour écarter, par de faux renseignements, les acheteurs, afin d'acquérir à bas prix en l'absence de concurrents.

En défendant aux tuteurs d'accepter cession de créances contre leurs pupilles, la loi n'a pas voulu non plus placer les tuteurs entre leur intérêt et leur devoir; il eut été possible que les créances acquises par le tuteur fussent mal établies; que le mineur eût en sa possession des titres pouvant les paralyser et prouver même leur extinction. Il fallait, dès-lors, que le tuteur n'eût pas intérêt à supprimer ces titres, et ne se trouvât pas ainsi placé entre son intérêt et celui du mineur.

(1) Art. 1596. C. Nap

Le but de la loi a été de sauvegarder les intérêts du pupille contre les spéculations du tuteur; là où nous ne rencontrerons pas les motifs de la loi, nous devons rentrer dans le droit commun et ne pas frapper de nullité : 1° la donation qu'un tiers ferait au tuteur d'une créance contre le pupille; 2° la créance que le tuteur aura acquise contre son pupille, par suite d'une gestion d'affaires, en payant, par exemple, de ses deniers, la dette de son pupille; 3° la créance provenant d'une subrogation que le tuteur aura obtenue contre le pupille; car la subrogation est un bon office rendu au mineur, et l'on ne peut faire tourner contre le pupille une disposition que la loi a édictée dans son intérêt.

L'art. 1595 du Code Nap. pose, en principe, que les époux ne peuvent entre eux faire vente valable. Ils ne pourront donc pas également se faire cession de créances. Nous avons vu, en effet, que la cession des créances n'est autre chose que le contrat de vente appliqué aux créances. Le motif de la loi, dans cette prohibition, a été d'empêcher les époux de se faire, à l'aide de ventes simulées, des libéralités qui auraient excédé la quotité disponible; de rendre les libéralités irrévocables, contrairement au vœu de la loi. La loi a redouté, en outre, que les tiers créanciers ne fussent fraudés par les ventes que l'époux, qui avait des dettes nombreuses, eut pu faire à l'autre, de façon à se dépouiller complètement et à faire disparaître le gage des créanciers. Néanmoins, le législateur permet la vente entre époux, au cas où une cause légitime se présente.

au cas où il n'y a pas de fraude à redouter ; ainsi, il permet la vente ou plutôt la *datio in solutum*, par exception, dans le cas où l'un des époux cède des biens à l'autre séparé judiciairement d'avec lui, en paiement de ses droits. En second lieu, au cas où la cession que le mari fait à sa femme même non séparée a une cause légitime, telle que le remploi de ses immeubles aliénés ou de deniers à elle appartenant, si ces immeubles ou deniers ne tombent pas en communauté ; ainsi, lorsque le mari sera débiteur de sa femme, il pourra, si sa femme y consent, se libérer par une *datio in solutum*.

La femme peut encore céder, par exception, une créance à son mari, lorsqu'elle la lui donne en paiement d'une somme qu'elle lui a promise en dot, et qu'il y a exclusion de la communauté.

Il est aisé de justifier ces dispositions, qui tendent à conserver les biens dans la famille, en permettant de payer, par des équivalents, des dettes qui ne le pourraient être, sans cela, qu'à la suite d'aliénations toujours fâcheuses. De crainte que ces exceptions même ne servent à cacher des fraudes, la loi réserve aux héritiers des époux le droit de les critiquer, s'il y a avantage indirect.

Une troisième exception est relative aux magistrats, avocats, officiers ministériels, quant aux procès, droits et actions litigieuses qui sont de la compétence du tribunal dans le ressort duquel ils exercent leurs fonctions. Les considérations qui ont entraîné l'adoption de cet article sont de deux natures : d'abord, il serait contraire à l'honnêteté publique, à la dignité et à la considération des fonctions des personnes de l'art. 1597, de les voir descendre au métier d'acheteurs de procès; en second lieu, on pourrait avoir à craindre l'influence de ces personnes sur les juges qui seraient appelés à décider dans le procès relatif aux créances cédées. La prohibition de la loi, dans notre article, n'a pas eu seulement en vue l'intérêt des plaideurs, elle a eu aussi en vue la dignité de la justice; elle est donc d'ordre public. La nullité qui en résulte est absolue, radicale et peut être invoquée même par les parties contractantes. La convention repose sur une cause illicite; aux yeux de la loi, elle ne peut avoir existé. Par les droits litigieux dont parle notre article, il faut entendre, évidemment, non pas les droits au sujet desquels un procès est engagé, puisque notre article oppose le mot *procès* aux mots *droits litigieux*, mais nous entendrons par là, droits sur lesquels il est probable qu'un procès sera engagé. Le juge devra décider en fait si la cession est ou non valable.

§ 3. — Des créances que l'on peut céder.

De même qu'en principe toutes personnes sont capables de céder, de même, en principe aussi, toutes créances sont susceptibles de cession. L'incessibilité d'une créance résultera, tantôt de la convention, tantôt de la loi, tantôt de la nature même des choses. C'est ainsi que l'art. 1981, Code Nap., permet de stipuler l'incessibilité d'une rente constituée à titre gratuit. De son côté, la loi déclare incessibles les pensions fournies par l'Etat ou les administrations publiques (7 janvier 1779, art. 12; 27 août 1817 et avril 1823). Il en est de même pour celles que servent les caisses de retraite, jusqu'à concurrence de 300 fr. (18 juin 1850, art. 5). On ne peut céder encore le droit d'usage (art. 634), ni le droit d'habitation (art. 634, Code Napoléon).

Notre législation n'admet pas non plus la validité de la cession d'un droit litigieux (art. 1699); les développements qu'exige cette matière nous obligent à lui consacrer un article spécial. Enfin, il faut bien reconnaître que la nature même des choses empêche la cession des créances alimentaires entre parents (art. 205, C. Nap.); des promesses de servir des aliments faites à des personnes déterminées. Ici, en effet, la cause qui a produit le droit, c'est telle personne déterminée; or, cette personne disparaissant, le droit n'a plus de cause et doit s'évanouir.

De la cession des droits litigieux.

Nous avons vu que, dans le dernier état du Droit romain, la cession des créances était devenue impraticable en fait, par suite de la constitution d'Anastase. En vertu de cette constitution, aucun cessionnaire d'une créance qui avait été acquise à prix d'argent, n'avait d'action contre le débiteur que jusqu'à concurrence du prix qu'il avait payé. Cette loi poursuivait un but louable; elle avait pour fin de protéger les débiteurs contre les acheteurs du procès, et d'empêcher ces derniers d'user de spéculations peu honorables pour acquérir des fortunes scandaleuses. Mais cette législation eut des conséquences fâcheuses : rendant impossible le commerce des créances, elle portait par trop atteinte aux droits des créanciers en empêchant la circulation des valeurs, et elle nuisit à l'intérêt général. Dans notre ancien Droit aussi, c'était une grave question que de savoir si ces lois étaient encore en vigueur, ou si elles avaient été abolies par l'usage ; néanmoins, l'on s'en tenait, en général, à cette seconde opinion (1).

Le Code aussi s'est bien gardé de reproduire, de nos jours, les dispositions de la législation romaine ; il a rejeté la nullité dont les empereurs avaient frappé toute cession de droits litigieux, et il a transporté à la cession de ces droits les dispositions de la loi d'Anastase, relative à la cession des créances en général.

Nous devons tâcher de déterminer, d'abord, la nature du droit litigieux. Il y avait, à cet égard, dissentiment parmi nos anciens jurisconsultes. Les uns, admettant la théorie romaine, décidaient que le droit était litigieux lorsqu'il y avait à ce sujet procès engagé. « Choses litigieuses en matière odieuse comme celle des transports, doit s'entendre que la seule demande judiciaire rend la chose litigieuse, » nous dit Lacombe, rapportant l'opinion d'éminents jurisconsultes (2).

Cette opinion était consacrée par les Parlements de

(1) Louel et Brodeau, Lettre c, n° 5. — Mornac, sur les lois *per divers. et ab Anast.*
(2) Lacombe, *Transports.*

Paris et de Toulouse. D'autres jurisconsultes, adoptant une opinion contraire, déclaraient le droit litigieux, non-seulement lorsque le droit était contesté, mais encore lorsqu'il pouvait l'être en tout ou en partie; non-seulement lorsqu'il y avait procès entamé, mais encore alors même qu'il n'y avait pas procès, si toutefois il y avait lieu de l'appréhender (1). Un droit peut, en effet, être l'objet d'une contestation absurde, sans fondement, sans en être pour cela moins clair et moins certain. D'un autre côté, un droit peut être fort sujet à litige, quoiqu'il n'y ait pas encore à son sujet procès entamé; dès-lors, il semble plus logique d'apprécier si un droit est ou non litigieux, non par l'existence ou la non existence d'un procès, mais par l'examen de la nature de ce droit. Cette doctrine, qui était professée par Pothier, était aussi consacrée par le Parlement de Bordeaux (2).

On peut objecter, néanmoins, contre ce système, que s'il est plus logique en principe, il conduit, néanmoins, dans la pratique, à des conséquences fâcheuses; il faudrait, dès l'abord, en effet, un procès préliminaire pour décider si le droit cédé est un droit qui est ou non litigieux; de là, des lenteurs inévitables, et puis controverses sur le point de savoir quelles circonstances, quels faits constitueront le droit litigieux. Les rédacteurs du Code ont senti ces inconvénients, et au lieu de se conformer à la logique pure, ils ont donné

(1) Pothier, *Vente*, n° 584.
(2) Salviat, Jurisp. du Parl. de Bord.. *Cess. d'act.*

la préférence au premier système, en déclarant, dans l'art. 1700, non pas que le droit serait réellement, mais qu'il serait *censé* litigieux, dès qu'il y aura procès et contestation sur le fond du droit.

Sous l'empire de notre Code, lorsqu'il sera fait cession d'un droit litigieux, la cession ne sera pas nulle, mais le cédé pourra se faire tenir quitte de la créance cédée en remboursant au cessionnaire le prix réel de la cession, les intérêts de ce prix à partir de la signification, avec les frais et loyaux coûts, en un mot, en indemnisant complètement le cessionnaire. Bien entendu, le cédé devra donner au cessionnaire, comme le dit l'art. 1699, non pas le prix mensonger qui pourrait avoir été stipulé dans l'acte de vente pour cacher une fraude à la loi, mais le prix réel de la cession, c'est-à-dire celui qui aura été sérieusement convenu entre le cédant et l'acquéreur. Admettrons-nous ici, comme on l'admettait en Droit romain, que le cessionnaire devra prouver la vérité du prix qu'il prétend avoir payé au cédant? Ce système répondrait peut-être davantage au vœu et à l'esprit de la loi; car, en fait, la preuve que le débiteur sera tenu de fournir sera fort difficile et le plus souvent impossible à administrer; mais nous ne pouvons l'admettre. Si, en Droit romain, des textes spéciaux le permettaient, ces textes n'existent plus dans notre Droit, et on doit s'en tenir au principe qui veut que celui qui allègue une prétention quelconque soit tenu de la justifier.

Nous avons vu que le droit était censé litigieux lorsqu'il y avait procès sur le fond du droit. Et disons, d'abord, qu'une simple citation en conciliation n'attribuera pas au droit ce caractère litigieux, puisque son but est de prévenir le procès au lieu de l'entamer ; il en est de même de la tentative de conciliation non suivie de résultat, car il n'y a encore que possibilité et non existence d'un procès. Y a-t-il contestation de nature à rendre le droit litigieux au cas où, porteur d'un titre de créance, j'agis contre mon débiteur, et où un débat s'élève sur les moyens d'exécution ? La Cour de Rouen, dans un arrêt du 1er décembre 1826 (1), a déclaré que c'était le cas d'appliquer l'art. 1700. Il nous semble que cet arrêt a méconnu les véritables principes. Dans l'espèce jugée, la légitimité de la créance, le fond du droit n'était pas l'objet d'une contestation ; il n'y avait procès que sur les modes d'exécution ; dès-lors, l'article 1699 ne pouvait être appliqué. Cet article ne saurait être invoqué que lorsque le litige met en question le droit considéré dans son existence, ou tout au moins qu'il court le risque d'être restreint dans son principe ou dans les effets qu'il est destiné à produire.

Mais que décider dans le cas où le débat, sans rouler sur le fond du droit, roule sur la forme. Ici, évidemment, l'on doit distinguer, et ne décider que le droit sera litigieux que tout autant qu'il s'agira d'une formalité dont l'inaccomplissement devra entraîner la nullité du droit. Mais s'il ne s'agit que d'une question de forme, d'un moyen qui tende non pas à anéantir, mais à neutraliser pour un temps le droit du deman-

____

(1) Dalloz, 30, 2, 48.

deur, l'instance engagée, ce dernier pourra, dans la suite, le faire valoir, soit en introduisant une nouvelle instance, soit en prenant une autre voie, soit en saisissant d'autres juges, et ce ne sera pas le cas d'appliquer notre article 1699 ; il faudra reconnaître que le droit n'est pas litigieux : il n'y a pas procès sur le fond du droit.

Pour que le droit soit litigieux dans le sens de la loi, et pour que le cessionnaire soit exposé au retrait, il ne suffit pas qu'il y ait seulement procès lors de la cession, il faut que le procès subsiste encore lorsque le retrait est demandé par le débiteur ; aussi la Cour de Cassation a-t-elle jugé conformément aux principes lorsque, par son arrêt du 1er juin 1831, elle a décidé que le retrait ne saurait s'opérer quand le droit a cessé d'être litigieux, quand le procès est fini, et qu'il n'y a plus dès-lors d'incertitude sur le fond du droit. Toutefois, le retrait pourra être opéré non-seulement dans la première instance, ou lorsque le procès aura recommencé en appel, mais encore lorsque la Cour de Cassation aura admis le pourvoi qui aura été présenté. Devant la Cour de Cassation, en effet, quoique le débat ne soit pas porté devant un troisième degré de juridiction, il n'en est pas moins vrai que le fond du droit est de nouveau remis en question ; mais ce serait aller trop loin que d'admettre que le procès est censé continuer pendant les délais de l'appel et du pourvoi. Pendant ce temps, il n'y a que possibilité de procès, et dès-lors le cessionnaire ne saurait être contraint au retrait.

Que faudrait-il décider dans le cas où le cessionnaire aurait tenu caché son acte de cession, afin de priver le débiteur de la faculté de l'art. 1699, et où il ne ferait signifier son acte de cession qu'après le jugement ?

Nous pensons que de tels actes constituent une fraude à la loi ; le débiteur a été privé du bénéfice qui lui est accordé par le législateur, et les dispositions du Code sont rendues illusoires ; dès-lors, on doit admettre que le droit de retrait sera accordé au débiteur, même après le jugement ; c'est, du reste, ainsi que l'a jugé un arrêt de la Cour de Rouen du 16 mars 1812.

On s'est demandé si la faculté d'exercer le retrait s'appliquait au cas où l'on cédait un immeuble litigieux. On peut dire, pour la négative, que notre article ne s'applique qu'aux cessions de créances, qu'aux cessions de droits personnels, et qu'il est étranger dèslors aux cessions de choses litigieuses. La généralité des auteurs (1), il est vrai, décide que le retrait pourrait être exercé également dans ce cas, et que le Code a entendu frapper la cession de toutes les actions, de tous les droits litigieux ; quand il y a procès sur la propriété d'un immeuble, disent-ils, qu'importe que je déclare vous vendre mon droit sur cette maison, ou vous vendre la maison ?

Nous ne saurions nous ranger à cette opinion. Ce que la loi a défendu de céder, ce sont les prétentions que l'on peut avoir à tel objet litigieux, les chances que l'on a de gagner un procès où la propriété de telle

____

(1) Marcadé, *de la Vente*, art. 1701.

chose est engagée; mais nulle part elle n'a défendu la vente d'un corps certain. Seulement, nous remarquerons que dans le cas de vente d'une chose litigieuse, la vente sera conditionnelle; elle sera parfaite si, par l'issue du procès, la propriété de la chose est consolidée sur la tête du vendeur; elle sera nulle, comme vente de la chose d'autrui, si le jugement attribue la propriété à l'adversaire du vendeur.

L'art. 1701 du Code Napoléon établit trois. exceptions à la disposition de l'art. 1699. Le droit d'exercer le retrait est basé sur le peu de faveur que méritent les acheteurs de procès; aussi la loi retire-t-elle ce droit lorsque des motifs avouables expliquent naturellement la cession. Ainsi le retrait n'a pas lieu :

1° Lorsque le droit litigieux a été cédé à un co-héritier. Le motif de la loi est de ne pas entraver un acte par lequel un co-héritier sort de l'indivision; la loi étend son exception au cas où la cession est faite à un co-propriétaire; néanmoins, le texte n'est pas conçu d'une façon précise comme la loi romaine; aussi l'on s'est demandé si l'on ne pouvait pas faire rentrer dans notre cas la cession faite par un étranger, par un adversaire commun à l'un des co-héritiers ou propriétaires. D'après le texte de la loi, il nous parait que l'on pourrait soutenir l'affirmative. Néanmoins, nous n'hésitons pas à admettre la négative, qui nous semble seule conforme au vœu et à l'esprit de la loi.

2° Lorsque la cession a été faite à un créancier, en paiement de ce qui lui est dû, le but du cessionnaire, en se faisant consentir une pareille cession, est avouable, et l'on ne doit pas frapper la cession, qui est peut-être le seul moyen pour le créancier de rentrer dans ses fonds ; s'il y avait fraude, si la créance du cessionnaire était fictive, par exemple, il faudrait accorder au débiteur la faculté du retrait, car on rentrerait dans le droit commun.

3° Lorsque la cession a été faite au possesseur de l'héritage sujet au droit litigieux, la cession ne couvre pas alors une spéculation, elle a pour but de consolider le cessionnaire dans la possession de l'héritage et de mettre fin aux discussions qui pouvaient être soulevées contre lui.

Le Code ne parle pas du cas où la cession du droit litigieux ne s'opère que comme accessoire d'une cession d'un droit principal. Le droit de retrait pourra-t-il être exercé relativement au droit litigieux accessoire ? Nous ne le pensons pas ; et nous croyons que la nature du droit principal, qui a été acquis sans aucune intention blâmable, doit couvrir le caractère litigieux du droit accessoire. Ainsi, nous n'admettrons pas que l'acquéreur d'un immeuble doive subir le retrait que voudrait lui infliger un fermier qui était en procès avec son vendeur au sujet de fermages échus et compris dans la vente.

Nous ferons remarquer que l'obligation du retrait ne peut être infligée au donataire d'une créance litigieuse ; car, outre qu'on ne rencontrerait pas ici les motifs de la loi, il faut reconnaître que l'art. 1699 s'applique seulement aux créances qui ont été cédées à titre onéreux et nullement à celles qui ont été acquises à titre gratuit.

Ce qui prouve bien que notre Code a voulu consacrer l'exception dont nous parlons, c'est que, d'après le système qu'il a organisé, il serait impossible, au cas de donation, d'appliquer l'art. 1699. La loi, en effet, subordonne toujours le retrait au paiement du prix de la cession. Dès-lors, si rien n'a été payé, la disposition de cet article tombe comme n'ayant pas d'objet (1).

Toutefois, si la donation déguisait une vente, on rentrerait dans l'application de l'art. 1699.

Quid juris au cas où la créance a été vendue en partie et donnée pour le surplus?

Il pourrait sembler qu'ici l'esprit de libéralité n'est pas assez évident pour enlever à cette cession, qui est vue avec défaveur, le caractère qui la soumet aux rigueurs de la loi. Qui ne sait que les achats de créances de cette nature se font à vil prix, et quoi de plus facile alors, pour le spéculateur, que de se faire donner le surplus par les vendeurs, afin de frauder la loi et de réaliser ainsi les espérances que l'achat du procès leur avait fait entrevoir? Dans cette matière peu favorable, une pareille donation doit être considérée comme un contrat participant de la nature de l'acte à titre onéreux et de l'acte à titre gratuit; il y a un prix, et quoique ce prix soit partiel, la loi du retrait doit garder son empire. Nous ne saurions embrasser cette opinion. Nous voyons dans notre espèce une vente et une donation parfaitement distinctes dans leur objet; dès-lors, chacun de ces actes devra être régi par les principes qui

(1) Arrêt de la Cour de Toulouse, 13 déc. 1830, Dall. 31, 2, 251

lui sont propres. Quant à la partie vendue, l'on appli-
quera, s'il y a lieu, l'art. 1699 ; mais quant à la partie
donnée, il paraît contraire aux principes de la soumet-
tre à la loi du retrait. La décision qu'elle consacre repose sur une présomption de fraude ; or, la fraude ne
se présume pas ; elle doit être prouvée. Si l'on objecte
que dans la plupart des cas ces cessions serviront à
masquer des fraudes, nous répondrons que les juges
auront à apprécier en fait, et s'ils reconnaissent la
fraude, ils devront accorder le droit d'exercer le retrait.

Quid, si dans la donation des charges ont été impo-
sées au cessionnaire ?

Il n'est pas exact de dire, dans ce cas, que l'adjonction de charges à une donation enlève à ce dernier acte
son caractère gratuit ; la donation conserve son caractère, et l'on ne peut pas dire qu'il y ait de prix payé,
même partiel. Il nous semble, dès-lors, qu'on ne devra
admettre le retrait, non pas d'une façon générale et en
principe, mais au cas seulement où la fraude serait
prouvée et où les charges déguiseraient une vente.

§ 4. — Effets du transport.

Le transport d'une créance produit trois effets :

1° La transmission de la propriété ; 2° l'obligation de
délivrer les titres relatifs à l'exercice du droit cédé ;
3° l'obligation de garantie du cédant.

De la transmission de la propriété.

La cession transporte par la seule force de la convention la propriété de la créance du cédant au cessionnaire.

Des auteurs ont soutenu que le transport n'attribuait le droit de propriété et ne transférait la possession du cédant au cessionnaire, qu'autant qu'il était signifié à partie ou à domicile. Cette opinion était celle de Ferrière, celle de de Laurière, et se trouvait, en effet, en harmonie avec les principes de notre ancien Droit sur la transmission de la propriété. La tradition était nécessaire pour cela et la signification en tenait lieu. Mais nous ne devons pas nous guider aujourd'hui d'après les idées adoptées sous l'empire de principes opposés à ceux qui nous régissent ; et aujourd'hui que la vente, par le seul effet du consentement, opère transmission de propriété, on doit décider que cet effet est produit dans tous les cas où un texte positif ne vient pas l'empêcher ; nous devons donc reconnaître que le seul consentement transfère, du cédant au cessionnaire, la propriété de la créance. Vainement on essayerait de contester que le consentement ne suffit pas pour transférer la propriété lorsqu'il s'agit de meubles, et se baserait-on sur l'art. 1141 ; car il est bien reconnu, aujourd'hui, que cet article n'est qu'une application de la maxime générale de l'art. 2279.

Sous l'empire du Code, les commentateurs s'étonnaient que la loi qui avait abrogé la transcription, c'est-à-dire la publicité organisée par la loi de brumaire, comme condition d'acquisition de la propriété immobilière vis-à-vis des tiers, eût conservé le principe de publicité en ce qui concernait la cession des créances, et exigeât la signification comme condition d'acquisition de la propriété de la créance vis-à-vis des tiers. Aujourd'hui cette anomalie a disparu par suite de la loi du 23 mars 1853, qui a rétabli la publicité comme condition d'acquisition de la propriété immobilière vis-à-vis des tiers.

Ici, il importe de préciser quels seront ces tiers dont parle l'art. 1690, vis-à-vis desquels le cessionnaire n'est saisi que par une signification ou par l'acceptation du débiteur.

Un arrêt de la Cour de Cassation du 22 juillet 1828 (1), déclare que les tiers dont entend parler notre article, sont ceux-là seulement qui ont acquis des droits entre le transport et la signification.

Il est impossible d'admettre cette opinion, qui se condamne, du reste, par les conséquences étranges qu'elle produirait. Le débiteur, en effet, n'est pas compris par la Cour de Cassation au nombre des tiers, et cette opinion exclurait, également, les créanciers du cédant antérieurs à la cession, ceux-là, précisément, en vue desquels a été fait l'art. 1690.

Nous ne nous arrêterons donc pas à cette opinion, et nous allons tâcher de déterminer quels sont les tiers dont a voulu parler l'art. 1690.

Et d'abord, nous rangerons le débiteur au nombre de ces tiers; s'il a payé le cédant avant qu'il eut eu connaissance de la cession, son ignorance ne peut pas lui être imputée; le paiement l'aura valablement libéré; d'un autre côté, le cessionnaire qui voudra agir contre le cédé devra bien, certainement, lui faire signifier

(1) Dalloz, 28, 1, 344.

auparavant sa cession ; cette obligation n'existerait pas au point de vue de la Cour de Cassation.

Nous rangerons encore au nombre des tiers, les créanciers du cédant antérieurs à la signification, qui ont le droit de faire faire une saisie arrêt entre les mains du cédé. Il faut reconnaître que c'est surtout en leur faveur que la loi a exigé la signification. Il est seulement à regretter que les termes dont s'est servi le législateur ne soient pas plus spéciaux. L'expression *des tiers* est vague et ne précise rien ; aussi pourrait-on argumenter contre l'opinion que nous venons d'émettre en faveur des créanciers du cédant.

Saisir une créance, c'est exercer le droit du débiteur auquel elle appartient. Le droit du débiteur est l'origine et la cause du droit du saisissant. Là où commence le droit du débiteur, là commence le droit du saisissant ; là où cesse le droit du débiteur, là doit cesser aussi le droit du créancier. De là il suit que le créancier du cédant ne pourra saisir, au mépris d'une cession faite par le cédant et en vertu de laquelle ce dernier s'est dépouillé irrévocablement de son droit de propriété de la créance.

Admettre la vérité de ce principe, que nous repoussons, ce serait aller contre le vœu de la loi, en rendant illusoires les prescriptions qu'elle a édictées en faveur de certaines personnes. Il est évident, en effet, que non-seulement on écarterait ainsi les créanciers, mais encore les seconds acheteurs d'une créance qui auraient fait signifier avant le premier cessionnaire, et les créanciers gagistes auxquels on aurait concédé la créance en gage depuis une cession qui leur serait inconnue, et avant la signification de cette cession ; ces diverses personnes, en effet, ne sont que des ayants-cause du cédant et n'ont d'autre droit que celui qu'il leur a concédé.

Aussi nous n'hésitons pas à considérer comme des tiers, au point de vue de l'art. 1690, les créanciers du cédant antérieurs à la signification ; les seconds cessionnaires, lorsque la première cession n'avait pas été publiée, et les gagistes qui ont obtenu le gage avant la publicité d'une cession antérieure.

Avant la signification, la propriété vis-à-vis des tiers continue à reposer sur la tête du cédant. De là il résulte plusieurs conséquences que nous allons exposer :

Le débiteur est valablement libéré en payant au cédant avant la signification du transport (1). Il faut même reconnaître que si le cédant opère un second transport avant la signification du premier, le second cessionnaire qui aura fait signifier son transport avant le premier lui sera préféré, sauf le recours du premier cessionnaire contre le cédant (2).

Il est certain, d'ailleurs, que cette solution ne serait pas admise au cas où la seconde cession ne serait pas sérieuse : « *Fraus omnia corrumpit.* »

Le débiteur sera donc libéré s'il paie le créancier avant la notification ; mais pour qu'un paiement soit

---

(1) Code Napoléon, 1691.
(2) Pothier, *Vente*, 558.

opposable à des tiers, il faut que la quittance ait date certaine. Cela est vrai en principe et reconnu par tous les auteurs; mais la plupart pensent, et avec raison, qu'on doit se relâcher un peu de la rigueur du droit pur, et nous croyons aussi que l'appréciation de la sincérité des quittances doit être laissée en fait à la sagesse des tribunaux.

Avant la signification le cédant pourra poursuivre le débiteur; mais celui-ci qui a connaissance de la cession, pourra-t-il le repousser en soutenant qu'il est dépouillé de ses droits? Nous pensons que le débiteur n'aura pas qualité pour cela; car, vis-à-vis de lui, la cession, qu'il est légalement réputé ignorer, ne peut produire aucun effet. C'est ainsi que s'est prononcé un arrêt de Cassation du 4 décembre 1827 (1), portant cassation d'un arrêt en sens contraire de la Cour de Colmar du 27 août 1824.

Une autre conséquence du principe que nous avons posé, c'est que le cédant resté propriétaire vis-à-vis des tiers, pourra, comme l'a jugé un arrêt de Bordeaux du 29 avril 1829 (2), faire tous les actes conservatoires et même interjeter appel en son nom personnel. Il pourra encore, comme l'a jugé un arrêt de Paris du 15 octobre 1829 (3), consigner des aliments pour le débiteur incarcéré, agir, en un mot, en véritable propriétaire, parce qu'aucun des tiers contre lesquels il agira ne sera fondé à lui opposer qu'il n'est plus propriétaire.

(1) Dal., 28, 1, 46.
(2) Dal., 29, 2, 227.
(3) Dal., 29, 2, 360

Il résulte encore du principe posé, que, jusqu'à la signification , le cessionnaire et le débiteur cédé restent
étrangers l'un à l'autre ; c'est ainsi que la Cour de Paris, par arrêt du 25 février 1825 (1), a décidé que la
compensation ne pouvait s'opérer entre le cessionnaire
et le débiteur cédé. Cela nous paraît certain, car c'est
la signification seule qui produit, entre le cédé et le
cessionnaire, un rapport juridique quelconque ; avant
cet acte, le cessionnaire n'est qu'un étranger vis-à-vis
du débiteur ; aussi pensons-nous qu'en droit pur il ne
devrait pas être admis à faire des actes conservatoires,
comme n'ayant pas qualité pour cela. Il est impossible,
en s'étant pénétré du véritable caractère de la signification et du rôle qu'elle joue dans la cession des créances, de s'expliquer comment la Cour de Cassation a pu
aller jusqu'à décider, par son arrêt du 22 juillet 1828,
qu'à la suite d'une cession non encore notifiée, « la
propriété n'appartenant plus au cédant, il n'a plus le
pouvoir de faire des actes conservatoires ni d'agir relativement à l'objet cédé. » La Cour a commis une
étrange confusion ; elle n'a pas vu combien il fallait
distinguer soigneusement les rapports du cédant avec
le cessionnaire, et les rapports du cédant vis-à-vis des
tiers. Méconnaissant les vrais principes , elle a décidé,
dans ce même arrêt, que le cessionnaire peut exercer,
comme créancier, une surenchère contre un adjudicataire, alors qu'il n'y avait pas eu signification de la
cession, alors qu'on doit tenir pour certain que le ces-

(1) Dal., 26, 2, 60.

sionnaire ne devait être considéré que comme un étranger, et qu'au cédant seul appartenait le droit d'agir en telle qualité.

Il suit encore de notre principe, combiné avec les principes en matière d'opposition, qu'avant la signification ou l'acceptation, les créanciers du cédant peuvent faire utilement une saisie-arrêt de la créance entre les mains du débiteur cédé.

Tout le monde reconnaît la validité d'une saisie ainsi faite sur une créance cédée avant la signification. Tant qu'il n'y a pas eu signification par le cessionnaire, la créance repose légalement, vis-à-vis des tiers, sur la tête du cédant; elle demeure le gage de ses créanciers qui peuvent, dès-lors, user des droits que la loi leur accorde sur les biens de leur débiteur. Il est bien certain, en effet, que l'exploit de saisie-arrêt, sans faire sortir la créance du patrimoine du débiteur, met le tiers-saisi dans l'impossibilité de payer valablement entre les mains du saisi; par cet acte, néanmoins, le saisissant n'acquiert pas un droit exclusif sur la créance qui reste, jusqu'au jugement de validité, le gage de tous les créanciers. Seulement le débiteur saisi est frappé de l'incapacité d'aliéner cette créance directement ou indirectement, au préjudice du saisissant; c'est en partant de ce principe que nous allons combattre l'opinion de ceux qui accordent le droit de saisir-arrêter valablement une créance, aux créanciers dont le titre est postérieur à une saisie déjà opérée, au préjudice de ceux qui avaient antérieurement saisi la créance.

Sans doute, la qualité de premier saisissant ne con-

fère pas un privilége comme dans notre ancien Droit ;
mais il n'en est pas moins vrai que, par l'effet de la
saisie, le débiteur était dépouillé du droit de donner
quittance, de disposer, d'aliéner la créance au préjudice du saisissant ; or, ce serait en disposer, à son préjudice, que de conférer à un tiers, en s'obligeant avec
lui, le droit de concourir sur la créance déjà saisie. Il
en résulte donc que ces créanciers seront écartés par
les créanciers antérieurs, non pas parce que leur saisie
est postérieure en date, mais parce que leur titre est
postérieur à une saisie-arrêt qui avait rendu le débiteur incapable d'affecter la créance à la sûreté de n'importe quelle obligation, au préjudice du saisissant.

Nous reconnaissons donc la validité des saisies-arrêts
pratiquées avant signification, et, vis-à-vis d'elles, la
signification postérieure du cessionnaire n'aura pas d'effet. Les saisissants, par l'acte de saisie, ont rendu la
créance indisponible, mais seulement jusqu'à concurrence de leur créance. Dès-lors, nous reconnaîtrons
aussi que tout ce qui excède cette somme est resté parfaitement cessible et que la signification, qui vaudra
saisie à l'égard des saisissants antérieurs, donnera au
cessionnaire la propriété de tout l'excédant. Il nous
faut examiner maintenant un point de vue de notre
question que les auteurs apprécient de façons bien dif-
férentes. Si par l'effet de la signification le cessionnaire
acquiert la propriété de tout ce dont la créance excède
la somme pour paiement de laquelle la créance est saisie, des saisies peuvent néanmoins se produire postérieurement à cette cession, et la difficulté consiste à

régler les rapports et les droits respectifs des saisissants postérieurs, des saisissants antérieurs à la signification, et du cessionnaire.

Pour régler ces rapports, plusieurs systèmes ont été imaginés. Celui que la jurisprudence parait avoir adopté, consiste à décider que les premiers saisissants n'ont pas acquis, jusqu'au jugement, un droit exclusif sur les sommes qu'ils ont saisies ; que ces sommes restent le gage général des autres créanciers ; que, dès-lors, la saisie des créanciers postérieurs à la signification leur donnera le droit de venir concourir, avec les créanciers antérieurs, au marc le franc. On voit, par là, que les premiers saisissants n'auront qu'une partie de ce qu'ils auraient eu ; et comme c'est par l'effet de la cession qu'ils voient se diminuer la portion qui leur échoit, la jurisprudence, partant de ce principe que la signification postérieure à leur saisie ne peut pas avoir d'effet contre eux, condamne le cessionnaire à leur restituer une somme égale à celle que le concours leur enlève. Tel est le système qui a été consacré le 17 avril 1832, par la Cour de Pau (1). Ce système ne nous parait pas conforme aux principes ; admettre un pareil résultat, ce serait faire peser sur le cessionnaire les conséquences des saisies faites postérieurement à la signification. Or, il est bien certain que les actes faits après cette époque ne peuvent plus porter atteinte à ses droits. Il faut donc reconnaître qu'une saisie aussi tardive ne pourra avoir d'effet contre le cessionnaire et qu'elle est complètement nulle à son égard.

(1) Sirey, 35, 1, 222. — Paris, 20 mai 1835. — Sirey, 35, 2, 386.

Dans un second système, on soutient que les saisissants postérieurs n'ont pas plus de droits vis-à-vis des saisissants antérieurs que vis-à-vis du cessionnaire, et que leurs saisies tardives sont non avenues. On peut soutenir que la première saisie n'a placé la somme sous la main de la justice et dans l'intérêt de la masse des créanciers que jusqu'au moment de la signification. En effet, si un paiement était intervenu après la première saisie, ce paiement ne portant aucune atteinte aux saisies antérieures, serait néanmoins un empêchement à l'efficacité de nouvelles saisies.

L'art. 1242, qui déclare que le paiement fait par le débiteur à son créancier, au préjudice d'une saisie, n'est pas valable à l'égard des créanciers saisissants, ne peut s'entendre que des saisies antérieures au paiement.

L'art. 1298 du Code reproduit le même principe relativement à la compensation. La compensation ne pourra être opposée aux saisissants dont la saisie précède la cause de la compensation; mais la compensation, une fois opérée, sera opposable aux saisissants qui se présenteraient ensuite pour saisir la créance. Si donc l'effet d'une première saisie est d'enlever au saisi le droit de disposer de sa créance, cette incapacité n'est que relative. Le saisi peut disposer de sa créance à l'égard de tout autre que du créancier saisissant; il peut l'aliéner, en donner quittance; pourquoi, dèslors, ne pourrait-il pas l'aliéner en la cédant?

Ce système prend une nouvelle force, si l'on considère que la loi exige, dans l'art. 559 du Code de Procédure, à peine de nullité, que toute saisie-arrêt énonce la somme pour laquelle elle est faite. Cette prescription n'existait pas dans notre ancien Droit, et, dès-lors, le législateur a eu un but en l'introduisant de nos jours.

Le débiteur ne verra saisir ses effets que jusqu'à concurrence de la dette présumée ; par ce moyen, tous les intérêts seront conservés, disait M. Favard de Langlade, au nom du Tribunat (1).

Dès-lors, les créanciers postérieurs devront être repoussés ; ils se trouveront en présence d'un débiteur n'ayant aucun droit, et d'un cessionnaire sur la tête duquel la signification a consolidé la cession. Mais, prétend-on, ce système est contraire à cette idée que que les créanciers dont la saisie est antérieure à la signification n'ont pas acquis de droits exclusifs sur la créance ; il contrarie les principes généraux en matière de saisie, et les saisissants postérieurs sont exclus contre le vœu de la loi. Cette objection, peut-on répondre, repose sur une confusion.

L'on transporte dans notre question les principes qui, régissant la saisie-arrêt, ne donnent dans une saisie aucun privilége, à cause de la priorité ; puis l'on part de cette idée pour déclarer que les créanciers saisissants postérieurs à la signification, ne doivent pas être exclus par un privilége d'antériorité que la loi n'accorde pas aux premiers saisissants. Ce raisonnement est faux en ce qu'on raisonne de la même façon dans deux situations complètement étrangères. L'on ne tient pas compte de ce que, dans la question qui nous

____

(1) Locré. **xxii**. p 619. *in fine.*

occupe, s'il y a des saisissants postérieurs, ce pourquoi ils n'ont aucun droit, ce n'est pas parce qu'ils sont postérieurs, mais c'est parce qu'ils ne sont pas saisissants, et qu'ils n'ont pu saisir une créance qui ne se trouvait plus dans le patrimoine de leur débiteur.

Ce système est professé par M. Duvergier, qui part de ce principe que la signification de la cession vaut saisie-arrêt, en ce sens que le cessionnaire est créancier du cédant pour le prix du transport qu'il a payé, et qu'il peut, en cette qualité, saisir la créance qui lui avait été cédée; mais, bien entendu, cet effet ne se produit que vis-à-vis des créanciers antérieurs. Il nous semble donc que le cessionnaire a le droit de venir concourir au marc le franc avec les saisissants antérieurs, puisqu'à leur égard il est aussi saisissant; or, c'est ce que n'admet pas l'honorable jurisconsulte, qui déclare, contrairement au principe dont il est parti, que les créanciers antérieurs ont des droits exclusifs sur la portion de la créance qu'ils ont frappée de saisie (1).

Sans doute, de graves auteurs ont bien contesté au cessionnaire le droit de venir en concours avec le saisissant; on a bien essayé de démontrer que la maxime de notre ancien Droit, *transport vaut saisie*, devait être écartée de nos jours; et, à cet égard, il faut bien reconnaître qu'elle est loin d'avoir la portée qu'elle avait autrefois dans notre Droit, où la priorité de la saisie relative à une dette échue assurait un privilége au sai-

(1) Duvergier. II. 203.

sissant (1) antérieur. On a prétendu que le droit du cessionnaire de venir en concours lui devait être dénié, parce que son titre était postérieur à la saisie; nous admettons, nous-même, le principe que l'on nous oppose; mais nous ferons remarquer que nous ne raisonnons que dans l'hypothèse où la cession a été antérieure à la saisie; dans tous les cas où le titre des saisissants ou du cessionnaire sera postérieur à une première saisie, le premier saisissant ne supportera point le concours. Nous admettrons donc que le fait de la signification équivaut à une saisie vis-à-vis des créanciers antérieurs, mais nous reconnaîtrons que vis-à-vis des créanciers postérieurs il vaut cession, et qu'il donne au cessionnaire un droit définitif sur la partie de la créance qui excède les causes de la première saisie. Par l'effet de la signification, la créance est sortie des biens du débiteur commun; mais, d'autre part, il faut bien reconnaître que la portion de la créance d'abord saisie n'a pas pu devenir, jusqu'au jugement, le gage exclusif des saisissants, et que, dèslors, des oppositions postérieures ont pu valablement frapper la somme arrêtée. Nous devons remarquer, en outre, que les saisissants antérieurs ne doivent pas éprouver de préjudice par suite de la cession. Supposons une créance de 3,000 fr. cédée à Primus. Avant la signification, Secundus saisit-arrête la créance pour la somme de 1,500 fr. Et après que Primus a signifié

____

(1) Pothier, *Proc. civ.*, part. 4, ch. 2. sect. 3, § 6. — Bourjon, liv. vi. tit. 8. ch. 1er.

la cession, Tertius vient encore faire une saisie-arrêt de 1,500 fr. Dans le second système que nous avons exposé, la signification a pour effet de mettre le premier saisissant à l'abri du concours des saisissants postérieurs ; cette signification lui profite, elle lui donne un dividende plus fort que celui auquel il aurait eu droit si elle n'était en réalité qu'une opposition. Il semble plus équitable de considérer que la cession, si elle ne doit pas nuire au premier saisissant, ne doit pas non plus lui profiter, et, dès-lors, nous pensons que l'on devra fixer la part du premier saisissant comme si la signification n'était, à l'égard de tous, qu'une simple opposition ; ce qui, dans notre espèce, lui donnera 750 francs. Quant au cessionnaire qui concourt au marc le franc avec Secundus, sa part est invariablement fixée à 2,000 francs. Tertius aura donc une portion égale à la différence entre la part qu'aurait eu Secundus s'il n'eut été en concours qu'avec le cessionnaire, et celle qu'il doit avoir en étant en concours avec le cessionnaire et le saisissant postérieur ; ce système, qui a été présenté par M. Mourlon dans la *Revue du Droit français et étranger*, t. v, p. 161, paraît appelé à concilier les systèmes opposés, en présentant une solution qui semble conforme aux principes.

Que décider dans le cas où la cession et la signification se sont produites après une première saisie ? Nous n'hésitons pas à admettre que la solution sera ici toute différente ; nous respecterons le principe que le débiteur saisi n'a pas pu, par sa volonté, diminuer le gage dont la loi a investi le créancier par l'effet de son opposition. Le cessionnaire, ici, ne devra pas être admis à concourir au marc le franc avec le saisissant antérieur; il serait contraire à l'équité de permettre à un débiteur d'annihiler ainsi le gage de ses créanciers.

Au premier abord, cette solution peut paraître contraire à la décision que nous avons déjà adoptée; on peut dire : vous accordez au cessionnaire, dont la signification est postérieure à une première saisie, le droit de concourir avec le saisissant; or, le cessionnaire, dans ce cas, n'est devenu créancier qu'après la saisie, puisque la cession n'existe pour le premier saisissant que par une signification postérieure; il y a donc inconséquence à refuser le concours au cessionnaire dont la cession est postérieure à une première saisie. Nous ne reviendrons pas sur les considérations puissantes et décisives que nous avons déjà exposées contre le système qui nous est opposé; nous ferons remarquer seulement que si la signification seule a rendu la cession définitive aux yeux des tiers, il n'en est pas moins vrai que la cession avait établi des rapports certains entre le cédant et le cessionnaire. Des rapports qui s'étaient ainsi établis, il en était résulté que le cessionnaire, en payant le prix du transport, était devenu créancier du cédant pour le paiement de la créance; et cette qualité de créancier devait son origine à un titre antérieur à la saisie. C'est donc à un double point de vue que la signification du cessionnaire doit être envisagée; et l'on doit considérer que la qualité de cessionnaire, qui n'a été acquise que par la signification, n'exclut pas celle de créancier, qui résulte de l'acte de cession.

On s'est demandé si, dans le cas où une hypothèque a été valablement constituée pour garantir une créance constatée par un billet à ordre, le bénéfice de cette hypothèque peut être transmis par la voie de l'endossement? L'affirmative nous paraît incontestable; la loi, en effet, qui soumet la formation de l'hypothèque à la nécessité d'un acte authentique n'exige, pour sa transmission, aucune condition spéciale de publicité.

On objecte qu'il sera impossible au tiers-détenteur de purger son immeuble, conformément à l'art. 2183 du Code Napoléon; cette objection tombe si l'on considère que la notification, à fin de purge, ne doit pas être faite au cessionnaire, mais au domicile élu par le créancier dans l'inscription hypothécaire. Bien entendu, le cessionnaire négligent sera victime de sa négligence, et l'art. 2186 lui sera applicable.

On objecte encore, contre notre solution, qu'il sera impossible de concilier la règle qui permet à l'acquéreur de l'immeuble hypothéqué de payer les créances non exigibles avec la règle du Code de Commerce, qui s'oppose à ce qu'on puisse payer valablement un effet de commerce avant l'échéance.

Ici il ne faut pas méconnaître que l'adjonction d'une hypothèque a modifié, en quelque sorte, le caractère purement commercial de la créance; en acceptant les avantages de l'hypothèque, le créancier en a accepté les inconvénients. L'acceptation de l'hypothèque équivaut à une clause par laquelle le créancier aurait modifié son droit de ne pouvoir être contraint à recevoir le paiement avant l'échéance; dès-lors, nous pensons que si le porteur se présente avant l'échéance et refuse de recevoir paiement, le tiers-détenteur sera libéré en consignant le montant des billets.

La propriété de la créance est transmise au cessionnaire avec tous ses accessoires, tels que caution, privilège, hypothèque, et tous les moyens d'exécution qui s'y rattachent, tels que la contrainte par corps, etc.

Lorsqu'il s'agit d'un capital productif d'intérêts, une controverse s'est élevée quant aux intérêts; relativement aux intérêts à échoir, du reste, pas de difficultés, ils passent au cessionnaire; mais relativement aux fruits échus, on a objecté que c'était là, non pas un accessoire de la créance, mais un capital distinct qui n'avait pu être, dès-lors, compris dans la cession de la créance; sans doute, nous reconnaitrons bien aussi que ces intérêts forment un droit particulier; néanmoins, nous les accorderons au cessionnaire en vertu de l'intention présumée des parties; le vendeur ne se les est pas réservés, et il a livré au cessionnaire les titres au moyen desquels il pouvait les réclamer.

De la délivrance du droit cédé.

Le cédant est tenu de faire délivrance au cessionnaire; cette délivrance s'opère entre le cédant et le cessionnaire (art. 1689) par la remise des titres nécessaires à ce dernier pour exercer le droit qui lui a été vendu. S'il n'y a pas de titres, la délivrance est censée faite par l'acte de transport lui-même. De son côté, le cessionnaire est tenu de payer le prix du transport au jour et lieu convenu.

De l'obligation de garantie.

Les acheteurs de créances se livrent à des spéculations que la loi regarde d'un œil peu favorable ; elle les tolère ; mais comme le plus souvent leurs opérations sont un masque dont ils se servent pour échapper aux rigueurs de la loi sur l'usure, il est bon qu'elle ne les ait pas comblés de ses faveurs. C'est ainsi que dans la matière de la garantie qui nous occupe, le cédant, en principe, ne devra jamais être tenu envers le cessionnaire que de la perte qu'il aura éprouvée ; jamais du bénéfice qu'il aura manqué de faire ; les principes du Droit commun sont ici restreints à l'avantage du cédant.

Distinguons, dès l'abord, la garantie qui existe indépendamment de toute convention, la garantie de droit, et la garantie qui peut, par suite d'une convention spéciale, restreindre ou étendre les effets de la garantie légale.

La garantie de droit a deux objets : 1° l'existence de la créance : « Celui qui vend une créance doit en garantir l'existence au temps du transport quoiqu'il soit fait sans garantie, » porte l'art. 1693 du Cod. Nap. Le cédant ne garantit pas le paiement, à moins de stipulation et jusqu'à concurrence seulement du prix qu'il a retiré de la créance (art. 1694). Remarquons que la garantie de l'existence de la créance doit s'entendre du cas où le débiteur peut se dispenser du paiement par une exception de nullité, encore du cas où le cédant n'est pas créancier, où la créance a été éteinte par un mode quelconque, au premier abord, en effet, il semble que la loi oblige à la garantie dans une vente qui n'a pu avoir lieu faute d'objet ; il est évident, en effet, que si la créance n'existait pas, la vente n'a pu avoir lieu.

Si la créance est inexistante, le cessionnaire pourra demander la nullité du transport faute d'objet ; si la créance n'existe que partiellement, soit parce qu'elle ne comprend qu'une partie de la somme qui avait été annoncée, ou l'un des accessoires qui la garantissaient comme un gage, une hypothèque, et qui avaient été annoncées par le cédant, nous devons décider, conformément aux principes généraux, que le cessionnaire aura le droit de demander la nullité de la vente, si toutefois il prouve qu'il n'eut pas acheté s'il eût connu le véritable état de la créance ; ou bien, en la maintenant, il aurait le droit d'obtenir une diminution du prix (art. 1636). Notre Code est muet sur la plupart des solutions que nous venons d'exposer dans ces divers cas ; son silence, du reste, n'a aucun inconvénient ; notre matière, en effet, est régie par les principes généraux de la vente, que l'on doit toujours appliquer à moins d'une dérogation spéciale.

En second lieu, la garantie de droit a pour objet les faits personnels au cédant ; le cédant ne doit rien faire qui nuise à son cessionnaire, et il devra toujours l'indemniser du préjudice qu'il pourrait lui causer (article 1628) ; toute convention contraire est frappée par la loi d'une nullité radicale. Non-seulement le cédant doit s'abstenir de tout acte par lequel il porterait atteinte au droit du cessionnaire, mais il pourra se faire qu'il soit tenu à prester son fait au cessionnaire. Si, par exemple, le cédant a transporté à un tiers un marché consistant à livrer une certaine quantité de marchandises payables en billets du cédant à telles et telles échéances, dans ce cas le cessionnaire pourra contraindre le cedant, afin de payer le marchand, à lui souscrire des billets qu'il endossera et remettra à ce marchand.

Nous venons d'essayer d'exposer quelle est la force de l'obligation de garantie que la loi impose au cédant; les parties, au surplus, comme nous l'avons déjà dit, restent parfaitement libres d'en restreindre ou d'en étendre les effets à leur volonté.

Remarquons d'abord que la garantie de droit disparaît au cas de donation; au contraire, au cas de constitution de dot (art. 1547, C. Nap.), et au cas de délégation (art. 1276), la garantie n'est plus seulement de l'existence de la créance, elle est aussi de la solvabilité du débiteur. La garantie légale cessera complètement au cas où la créance a été l'objet d'un contrat aléatoire; dans ce cas, en effet, le cessionnaire n'a jamais à se plaindre; il a acheté la chance qu'il pouvait avoir d'obtenir un paiement; c'est ainsi que l'acheteur d'un droit litigieux ne pourra exercer de recours contre son vendeur: il a connu les risques, il les a pris à sa charge.

Lorsque les parties déclarent que la cession a lieu sans garantie, cette clause peut être appréciée de diverses manières; d'abord, il est évident qu'elle n'a pas trait à la garantie pour cause d'insolvabilité; nous avons vu, en effet, que cette garantie n'est due que lorsqu'elle a été stipulée ; elle n'a pas trait, non plus , à l'exclusion de la garantie due à l'occasion des faits personnels du cédant ; une telle stipulation serait nulle ; de plus, l'art. 1693 nous dit qu'elle n'exclut pas la garantie de droit ; nous pensons, dès-lors, que c'est encore ici le cas d'appliquer le principe général contenu dans l'art. 1629, où nous voyons qu'au cas de stipulation de non garantie le vendeur, au cas d'éviction, ne doit pas payer des dommages-intérêts à l'acquéreur évincé, mais qu'il est tenu, néanmoins, de la restitution du prix qu'il a reçu ; les parties peuvent stipuler que la garantie aura plus d'étendue que la garantie de droit ; ainsi, elles peuvent stipuler la garantie dans l'acte, ou bien déclarer que le cédant sera garant de tous troubles et empêchements quelconques contre le cessionnaire. La garantie de fait oblige le cédant a répondre de la solvabilité du débiteur cédé, et notre art. 1605 déclare que, dans ce cas, la solvabilité du débiteur qui est garantie, est seulement la solvabilité actuelle et non la solvabilité future. C'était là, du reste, la théorie du Droit romain et de notre ancienne jurisprudence (1). Le cessionnaire, en effet, est devenu propriétaire de la créance et il doit en supporter les risques ; dans le cas où le débiteur est insolvable, le cessionnaire aura droit à se faire restituer ce qu'il a donné, les frais, et les dommages s'il y a lieu.

(1) Ferrières, sur *Paris*, art. 108, n° 34 : — Pothier, *Vente* , 572 , *Contra ;* — Loyseau . *Refer. garant. des rentes*, ch. 3, n° 10 et suiv.

Ce premier degré de la garantie était ainsi apprécié par nos anciens jurisconsultes qui reconnaissaient, en outre, deux autres degrés de garantie ; ils donnaient au premier degré que nous venons d'examiner, le nom de garantie de fait. Ils distinguaient, en outre, un second degré de garantie résultant de la clause de *fournir et faire valoir,* ou autres analogues ; et enfin, celui résultant de la clause de *payer soi-même* à la place du débiteur, *après simple commandement* fait à ce dernier sans résultat.

On comprend qu'il est impossible de prévoir ainsi les conventions infinies qu'il pourra plaire aux parties de former entre elles, relativement à l'étendue de la stipulation de garantie ; dans la plupart des cas, ces conventions ne rentreront pas exactement dans les clauses que nous venons d'énumérer ; néanmoins, et quoique leur application puisse ne pas être de nos jours d'un fréquent usage, nous allons continuer à nous en occuper, trouvant ainsi un moyen d'exposer les principes généraux de la matière.

Le second degré de garantie résultait, avons-nous dit, de la clause de fournir et faire valoir ; cette clause était fort usitée autrefois en matière de cession de rente. Elle engageait la responsabilité du cédant d'une façon plus rigoureuse que la simple garantie de fait, en ce sens surtout que le cédant répondait de la solvabilité, même future, du débiteur, selon l'opinion la plus généralement répandue ; aussi le cessionnaire ne pouvait agir contre le cédant que discussion préalablement faite des biens du débiteur. Cette opinion était en présence d'opinions extrêmes, qui voulaient les unes restreindre, les autres étendre le sens que nous venons de donner à cette clause; elles étaient généralement rejetées (1).

Il nous reste à expliquer le sens des termes de notre clause : selon Loyseau, *fournir une rente,* c'est la payer à défaut du débiteur, c'est-à-dire parachever le paiement, *præstare quanto minus a reo exigi possit; faire valoir,* c'est prendre sur soi la validité, la bonté de la rente, c'est se rendre garant de son exigibilité et de sa perceptibilité. Le cédant joue ici le rôle de *fidéjusseur* du débiteur dont il cède la créance; or, comme le fidéjusseur peut opposer au créancier le bénéfice de discussion, Loyseau admettait que le cédant pouvait opposer au cessionnaire l'exception de discussion. On accordait, en général, la même valeur à la clause de payer soi-même à défaut du débiteur, malgré que certains auteurs prétendissent qu'une pareille cause excluait le bénéfice de discussion.

De ce que le cédant pouvait opposer, dans ce cas, le bénéfice de discussion au cessionnaire, il s'ensuivait qu'il se trouvait à l'abri de tout recours si l'insolvabilité du débiteur avait été produite, soit par le fait, soit par la négligence de l'acheteur; il en serait de même si le cessionnaire avait accordé des délais au débiteur, ou avait négligé de le poursuivre (2) à l'époque de l'exigibilité.

(1) Loyseau, eod, ch. 4, nos 5 et suiv.
(2) Ferrières, sur *Paris.* 108. no 54. — Loyseau, loc. cit., ch. 11, no 15.

Le troisième degré de la garantie et le plus élevé est celui qui résulte de la clause de *payer soi-même après simple commandement*. Par cette clause, le cédant renonce à opposer l'exception de discussion au cessionnaire. Dans le cas où le cessionnaire après avoir fait au débiteur un commandement qui n'aura pas été suivi de paiement, le cédant s'oblige personnellement à acquitter la dette. Selon l'opinion générale, le cédant devra, dans ce cas ci, payer, non plus les déboursés du cessionnaire, mais le montant intégral de la créance. Le cédant, qui s'est engagé à payer lui-même à défaut du débiteur, s'est bien porté réellement caution de ce dernier, il est devenu son co-débiteur solidaire ; dès-lors, au cas de non paiement, il est obligé exactement comme l'était le débiteur ; il devra payer le montant intégral de la créance ; c'est là le raisonnement de presque tous les auteurs (1) anciens et modernes. Malgré l'autorité de cette opinion, nous hésitons à l'admettre, et nous pensons qu'en l'adoptant, on accorderait trop aux acheteurs de créances, que la loi, au surplus, n'a pas l'intention de favoriser ; aussi nous prononcerons-nous en faveur de l'opinion contraire. D'abord, il ne nous paraît pas que l'assimilation du cédant à un co-débiteur solidaire soit parfaitement exacte, même au point de vue de notre ancien Droit ; mais sous l'empire de notre Code, il nous paraît impossible d'adopter une pareille idée. Sous l'empire du Code, la solidarité

(1) Duvergier sur Toullier, xvii, n° 283. — Troplong, *Vente,* 2, 949. — Loyseau, eod, n° 5. — Bourjon, liv. iii, t. 3, sect. 3, n° 34.

ne se présume pas, elle ne peut s'induire ; elle ne résulte que d'une stipulation formelle ou d'un texte de
loi. Dans notre cas, la solidarité n'a pas été stipulée ;
il n'existe pas de texte qui l'établisse ; nous sommes
donc autorisé à conclure que le cédant ne s'est jamais
engagé qu'à garantir la solvabilité du débiteur ; dans
notre cas, il a garanti sa solvabilité future et s'est engagé au paiement de cette obligation après simple commandement. Comment pouvoir admettre, dès-lors, qu'il
devra payer le montant intégral de la créance, puisque
l'art. 1694 dit que l'obligation de garantie ne peut s'é-
tendre, dans aucun cas, que jusqu'à concurrence du
prix que le cédant a retiré de la créance.

Une éviction partielle peut produire une double conséquence : si elle est de nature telle que s'il l'eût pré-
vue le cessionnaire n'eut pas acheté, il pourra demander la résolution ; s'il ne demande pas la résolution, il
aura droit, au cas où la solvabilité du débiteur a été
garantie, de répéter une fraction du prix. Comment
déterminer cette fraction ? Aura-t-il le droit de demander au cédant de l'indemniser de ce dont il n'est
pas payé jusqu'à concurrence du montant du prix qu'il
a payé ? Nous n'admettons pas une pareille idée, car,
dans ce système, toutes les chances de perte seraient
supportées exclusivement par le cédant ; et, dès-lors,
il ne faut reconnaître au cessionnaire le droit de répéter contre le cédant, sur le prix qu'il lui a payé, qu'une
fraction proportionnelle à celle qui lui manque sur la
créance cédée (1).

(1) Troplong. *Vente*, 2, 947.

La cession a de l'analogie avec certains actes. C'est ainsi qu'elle a certains rapports avec la délégation, avec la subrogation, avec l'indication de paiement. Nous allons essayer de mettre en relief les principales différences qui séparent la cession des divers actes que nous venons d'énumérer.

La délégation est une convention par laquelle un débiteur donne en paiement de sa dette, à son créancier qui le décharge, l'engagement de son propre débiteur, qui consent à condition d'être libéré vis-à-vis du déléguant. Dans ce cas on dit que la délégation est parfaite.

La cession s'opère sans le consentement du débiteur cédé ; tandis que la délégation, nous le voyons, ne se fait que du consentement du débiteur délégué. La cession ne change rien à la créance : le même droit qui était sur la tête du cédant passe sur celle du cessionnaire, qui ne fait qu'exercer le droit du cédant. La délégation, au contraire, implique novation ; le délégataire devient réellement créancier et agit comme tel en son propre nom ; il exerce son propre droit.

De là il résulte que le délégué ne peut opposer au délégataire les exceptions qu'il eut pu opposer au déléguant. Le cédé, au contraire, pourra opposer au cessionnaire les exceptions qu'il eut pu opposer au cédant.

Relativement à la garantie, il existe aussi une grande différence : le cédant ne doit garantir que l'existence de la créance ; le déléguant, au contraire, doit garantir la solvabilité actuelle du délégué.

La délégation est dite imparfaite quand le créancier, en acceptant l'engagement du délégué, ne libère pas cependant son débiteur le déléguant. Ici, en examinant le fond des choses, on peut dire qu'il y a cession acceptée par le cédé et clause de fournir et faire valoir de la part du déléguant. Toutefois, le délégataire recourra contre son débiteur, non par l'action en garantie, mais par son action primitive.

Nous allons comparer maintenant la cession avec la subrogation. Dans le Droit romain on connaissait quatre espèces de subrogations : la subrogation accordée par le créancier qui cédait ses droits ; la subrogation ordonnée par le juge ; la subrogation légale, et la subrogation accordée par le débiteur qui empruntait pour désintéresser son créancier. La subrogation doit son origine aux Prudents, qui introduisirent l'*Exceptio cedendarum actionum*, pour venir au secours du fidéjusseur qui avait payé la dette et auquel le droit civil refusait toute action contre ses co-fidéjusseurs (1). On admit alors la fiction que le paiement opéré par le fidéjusseur devait être plutôt considéré comme le prix de la cession que comme éteignant la créance : « *Non enim in solutum accipit, sed quodammodo nomen debitoris vendidit* » (2).

Lorsque le créancier consentait la subrogation, les jurisconsultes disaient qu'il y avait *actionis venditio, nominis venditio* ou *cessio*. Dans ce cas, la créance passait, avec tous ses accessoires, sur la tête du subrogé ; quelquefois la subrogation se présentait comme une

(1) Dig., *de Fidejussor*, l. 39.
(2) Dig., *de Fidejussor*, l. 36.

succession aux droits du créancier, et cela sans cession ;
on disait qu'il y avait alors *successio*. Ainsi, un créancier hypothécaire écartait un créancier hypothécaire
qui lui était préférable, en payant à ce dernier le montant de sa créance ; il entrait ainsi au lieu et place du
créancier désintéressé : « *Succedebat in locum prioris
debitoris* » (1).

De cette façon, il pouvait exercer l'action du créancier antérieur et obtenir le paiement de ce qu'il avait
déboursé pour désintéresser ce dernier. Cela avait une
grande importance à Rome, où le créancier hypothécaire, le premier en date, avait seul le droit de demander la vente du gage ; de telle sorte que les créanciers
postérieurs ne pouvant l'y contraindre, se trouvaient
ainsi à sa merci.

Il y avait encore *succession*, lorsque la subrogation
était consentie par le débiteur lui-même, qui mettait
un créancier à la place de l'autre. Dans ce cas, le paiement avait éteint la créance ; la subrogation ne s'opé-
rait pas de plein droit ; elle était produite par une convention passée entre le débiteur et le prêteur (2). Le
nouveau créancier pouvait ainsi acquérir un droit d'hypothèque, qui le mettait au même rang que le créancier désintéressé.

Le mot de *subrogation* nous vient du Droit canonique.
Nos anciens auteurs avaient admis, en général, la doctrine romaine ; mais une foule de questions donnaient

---

1) Dig.. *qui potiores et de his qui in prio*.
2) Dig.. *que res pignori*, 1. 3.

lieu à de vives controverses. L'on pourrait même dire qu'il règne chez eux une certaine confusion, qui tient à ce qu'ils appliquaient souvent à la subrogation consentie par le débiteur les principes régissant la subrogation consentie par le créancier, ou la subrogation légale et réciproquement ; de telle sorte que les auteurs modernes, partisans de différents systèmes, ont pu trouver, dans le même auteur, des arguments à l'appui des principes les plus opposés.

L'effet du paiement est, en général, d'éteindre la dette et, avec elle, tous les accessoires. Si le débiteur, avec ses deniers, acquitte sa dette, il est complètement libéré. Il en est autrement lorsqu'un tiers se présente pour faire le paiement ; dans ce cas également, il est vrai, la dette est éteinte ; mais ce paiement a donné lieu à une nouvelle obligation ; il a formé entre le débiteur et le tiers qui a payé, des rapports de mandant à mandataire ou de gérant d'affaires ; le débiteur est tenu d'indemniser celui qui a payé pour lui ; une nouvelle obligation a succédé à l'ancienne.

Mais si le tiers, au lieu de payer purement et simplement, s'est fait subroger dans les droits du créancier, qu'arrive-t-il ? Un nouveau droit, évidemment, se joindra, au profit de celui qui a payé, au droit qu'il avait déjà acquis en vertu du paiement ; la subrogation investira le subrogé des droits de l'ancien créancier.

Il existe, dans la doctrine moderne, divers systèmes qui apprécient, de façon plus ou moins restreinte, la nature et les effets de la subrogation ; de telle sorte que, suivant que l'on adopte tel ou tel système, on trouvera entre la subrogation et la cession des dissemblances plus ou moins nombreuses, plus ou moins tranchées.

Nous avons plus haut exposé, en termes généraux, combien d'espèces de subrogations existaient chez les Romains. De nos jours, la subrogation judiciaire a disparu, et nous avons seulement la subrogation conventionnelle et la subrogation légale. Le premier mode de subrogation conventionnelle que nous avons énuméré, celui par lequel le créancier subroge un tiers qui opère le paiement pour son débiteur, celui-là, disons-nous, est le seul qui offre une grande analogie avec la cession. Dans ce cas, en effet, comme dans la cession, nous voyons le créancier mettre volontairement, et moyennant un prix, une tierce personne en son lieu et place.

La subrogation consentie par le créancier a lieu : « lorsque le créancier, recevant son paiement d'une tierce personne, la subroge dans ses droits, actions, privilèges et hypothèques. » (Art. 1250, C. N.)

La subrogation, sans porter préjudice à autrui, est essentiellement avantageuse à certaines personnes. Dans le cas spécial de subrogation qui nous occupe surtout, nous voyons que le créancier obtient, par ce moyen, l'avantage d'un paiement qu'il n'eût peut-être jamais, ou du moins fort difficilement, obtenu autrement, à la suite de dépenses et de poursuites judiciaires. D'un autre côté, la subrogation est pour le débiteur la source d'un nouveau crédit. En effet, le tiers qui a acquitté la dette y a été engagé par ce motif qu'il obtenait, pour sûreté de sa créance, les garanties dont jouissait le créancier primitif, et probablement sans cela il n'eût pas été porté à acquitter ainsi la dette du débiteur. D'un autre côté, la subrogation ne nuit pas aux ayant-cause du débiteur, puisque si la nouvelle garantie du tiers qui a opéré le paiement n'était pas survenue, le créancier primitif eut conservé tous ses droits; la subrogation ne change donc rien à leur situation respective.

La validité de la subrogation consentie par le créancier est subordonnée à deux conditions : 1° convention expresse de subrogation; 2° subrogation faite en même temps que le paiement.

Nous allons exposer de quelle façon, dans le système que nous adoptons, la subrogation opère la transmission du droit primitif ; selon nous la subrogation est, comme elle était en Droit romain (1), une cession fictive : « *Non in solutum accepit, sed nomen debitoris quodammodo vendidit.* » Toutefois, nous ne voulons pas dire par là que la fiction soit absolue; elle n'empêche pas, en effet, que le paiement ne soit à l'égard du créancier désintéressé un paiement ordinaire; la fiction n'est pas opposable au créancier; c'est ce qu'exprimait autrefois cet adage : « *Nemo contra se subrogare videtur.* » Et de nos jours le Code a reproduit cette idée en disant : « La subrogation ne nuit pas au créancier. »

Nous considérerons donc la subrogation comme une opération à double face, si l'on peut ainsi parler; entre le créancier primitif et le subrogé ce sera un paiement ordinaire, un paiement extinctif de la créance; mais

____

(1) Dig., *de Fidejussor.*, l. 36.

entre le subrogé et le débiteur ce sera une cession. Ces idées furent, dans notre ancien Droit, la source de nombreuses controverses ; dans les pays de Coutume, surtout, on admit avec de grandes difficultés la subrogation consentie par le débiteur ; on considérait comme contraire aux principes qu'un débiteur pût disposer de la créance, qui est la propriété du créancier, sans le consentement de ce dernier ; aussi certains auteurs déclaraient : « que le débiteur ne pouvait subroger son amy ou celuy qui fera sa condition meilleure à la place de ses créanciers anciens ou privilégiez, ne pouvant comprendre que l'action pût passer d'une personne en autre, sans transport de celuy auquel elle réside et appartient, » ainsi que nous l'apprend Loyseau (1). Néanmoins, Loyseau et Dumoulin combattaient cette doctrine, faisant remarquer que la subrogation devait être admise dans l'intérêt du débiteur, et comme ne nuisant à personne. En effet, si les créanciers intermédiaires entre le subrogeant et le subrogé venaient se plaindre qu'on faisait ainsi revivre à leur préjudice une hypothèque éteinte par le paiement, on pouvait parfaitement leur répondre : « que le dernier créancier n'eut baillé son argent et partant la debte première n'eut esté acquittée, sinon à cette condition expresse qu'il entrerait au lieu d'icelle ; de sorte que n'estant qu'un même acte, que le paiement de la debte antérieure, et cette subrogation, il faut qu'ils l'approuvent, ou qu'ils le réprouvent tout en entier ; et ainsi en une

(1) Loyseau, *Offices,* l. iii. ch. 8, n° 73.

façon ou en l'autre ils auront toujours un premier créancier devant eux » (1).

Néanmoins, l'autorité de ces jurisconsultes ne fit pas admettre, d'une manière complète, la doctrine de la subrogation consentie par le débiteur, lorsque l'édit de 1609 consacra d'une manière définitive, dans notre Droit, le principe de la subrogation consentie par le débiteur; cet édit, rendu par Henri IV, avait donné lieu à quelques difficultés, et comme il traitait spécialement de la matière des rentes, des tribunaux, malgré qu'il fût conçu en termes généraux, refusèrent d'en appliquer le principe hors de cas; mais alors intervinrent plusieurs arrêts de règlement pour ordonner son application générale; on cite celui du Parlement de Paris de 1690, qui généralisa autant que possible les dispositions de l'édit.

C'était l'opinion de Pothier, qui définissait la subrogation en général : « une fiction de droit par laquelle le créancier est censé céder ses droits et actions, hypothèques et priviléges, à celui de qui il reçoit son dû » (2). Le Code a adopté la théorie consacrée par l'édit, et que professait Pothier; il ne distingue pas entre les divers cas de subrogation : qu'elle vienne du créancier, du débiteur ou de la loi, sa nature et ses effets sont identiquement les mêmes; sous le Code, on peut définir la subrogation : « une cession fictive, par suite de laquelle une créance éteinte au moyen d'un paiement effectué

----

(1) Loyseau. ibid.. nᵒ 81.
(2) Pothier. introd. de la *Cout. d'Orl.*, tit. 20, sect. 5. nᵒ 66.

par un tiers est réputée existante au profit de ce dernier, à l'effet de recouvrer ce que lui a coûté la libération du débiteur. »

La cession est fictive, car on ne peut admettre qu'il y ait cession d'une créance qui a été éteinte par le paiement ; entre le subrogeant et le subrogé, il n'y a qu'un paiement purement extinctif ; entre le subrogé et le débiteur, il y a eu achat de créance contre le débiteur par le subrogé, mais uniquement afin de garantir plus efficacement le paiement des déboursés faits par le subrogé, et jusqu'à concurrence seulement de ces déboursés.

Ce double caractère de la cession est conforme au texte de la loi qui, dans l'art. 1250, 1°, supposant que le créancier reçoit son paiement d'une tierce personne, « la subroge dans ses droits, actions, hypothèques et priviléges contre le débiteur. » D'un autre côté, il a été mis en relief de la façon la plus saillante par M. Bigot-Préameneu, qui s'exprimait ainsi devant le Corps législatif : « L'obligation est éteinte, *à l'égard du créancier*, par le paiement que lui fait une tierce personne subrogée dans ses droits, sans que cette obligation soit éteinte *à l'égard du débiteur*. »

Nous avons vu que dans la subrogation, le tiers qui vient payer pour le débiteur n'agit pas dans un but de spéculation ; il veut rendre un service, toutefois en prenant des précautions suffisantes pour s'assurer du paiement de ses déboursés ; dans la cession, au contraire, l'acheteur est un spéculateur dont le but principal est la réalisation d'un bénéfice ; de là résultent de nombreuses conséquences.

Le cessionnaire pourra exiger le montant intégral de la créance, alors même que le prix de la cession sera inférieur. Le subrogé, au contraire, n'aura d'action que jusqu'à concurrence de ses déboursés, il ne pourra réclamer au débiteur que la somme qu'il a payée au créancier, avec les intérêts à partir du paiement.

Le cessionnaire aura droit aux intérêts de la créance cédée dans la même mesure que le cédant, et il les percevra alors même qu'ils excèderont le taux légal. Le subrogé, au contraire, n'aura droit qu'à l'intérêt légal; son but, en payant le créancier, a été de venir en aide au débiteur; il ne doit donc pas faire un bénéfice et retirer de son argent un intérêt plus fort que celui auquel il aurait eu droit, en faisant de son capital un emploi différent.

Il aura droit aux intérêts comme gérant d'affaires et, dès-lors, il les percevra quoique la créance qu'il a payée ne soit pas productive d'intérêts; la loi, en effet, fait courir les intérêts de plein droit au profit du gérant.

Le tuteur ne peut valablement se faire céder une créance contre son pupille; mais il pourra valablement se faire subroger; car, nous l'avons déjà dit, la subrogation est dans l'intérêt du mineur, et l'on ne doit pas faire tourner contre lui une prescription que la loi a édictée en sa faveur.

Le cessionnaire a le droit d'exiger l'objet même de l'obligation; ainsi, s'il a acheté uue rente, il aura droit à la rente; le subrogé, au contraire, n'aura droit qu'à la somme déboursée et, une fois qu'on la lui aura payée, il n'aura rien à réclamer.

Nous avons vu, en second lieu, que si la subrogation est une cession fictive, à l'égard du subrogeant , néanmoins, le paiement est purement extinctif ; de telle sorte que la créance n'est réputée exister qu'en faveur du subrogé et dans ses rapports avec le débiteur ; dans la cession, au contraire, la créance subsiste à l'égard du cédant lui-même ; de là il résulte :

Que le subrogé n'a pas besoin, pour être investi de la créance, des formalités de la signification ou de l'acceptation que la loi exige pour la cession des créances.

Pour pouvoir faire cession il faut avoir capacité d'aliéner ; pour faire subrogation il suffit d'avoir capacité de recevoir paiement ; ainsi, par exemple, le mari sous le régime dotal, le tuteur relativement aux biens du mineur qui ne pourraient aliéner, peuvent valablement consentir subrogation.

Le subrogeant ne sera pas tenu, comme le cédant, de garantir l'existence de la créance ; il ne s'engage à rien vis-à-vis du subrogé ; il a reçu paiement, *suum recepit :* il n'est pas censé avoir vendu. Sans doute, si rien ne lui était dû, il devra rendre , mais le subrogé ne pourra agir contre lui que par la répétition de l'indu, qui a beaucoup moins d'étendue que l'action en garantie et qui ne sera efficace que jusqu'à concurrence de la somme qui aura été donnée ; cette action ne comprendra, ni les frais que le subrogé pourra avoir faits, ni les loyaux coûts du contrat.

Au point de vue des droits à percevoir par l'enregistrement, le droit à payer dans une cession sera le droit de vente; dans le cas de subrogation, ce sera un simple droit de quittance.

La subrogation ne peut pas nuire au créancier; le subrogeant qui aura reçu un paiement partiel primera le subrogé pour le surplus et exercera de préférence à ce dernier les priviléges et hypothèques garantissant la créance. Dans le cas, au contraire, d'un cessionnaire qui aura acquis une fraction de créance, le concours avec le cédant sera admis; leurs droits seront égaux; car si le cédant doit garantir l'existence de la créance, il n'est pas tenu de son efficacité.

Remarquons, enfin, que le subrogé peut à son choix exercer l'action de mandat ou de gestion d'affaires qu'il a de son chef, ou bien l'action qu'il tient du subrogeant; nous avons déjà vu dans quel cas il lui sera plus avantageux d'exercer l'une ou l'autre; notons encore que la créance, passant du subrogeant au subrogé, toutes les qualités et accessoires de la créance passeront au subrogé, tels que la compétence, le titre exécutoire, la contrainte par corps, les cautions, priviléges et hypothèques.

Nous devons dire que le système que nous venons d'exposer n'est pas le seul auquel se soient arrêtés tous les auteurs. MM. Merlin et Grappe voient, dans la subrogation, l'extinction totale de la créance; la loi, selon ces auteurs, ne fait point passer l'ancienne créance sur la tête du subrogé; ce dernier n'a qu'une seule action, celle qui est née dans sa personne; seulement la fiction de la loi consiste à faire passer à cette nouvelle action les accessoires qui servaient de garantie à l'ancienne. Il en résulte des différences pratiques importantes ; ces auteurs ne reconnaissent, comme garantissant la nouvelle créance, que les priviléges, hypothèqnes et cautionnements attachés à l'ancienne; ce système doit être rejeté, car il est contraire, non-seulement à l'autorité historique, mais encore aux textes du Code qui régissent la matière, et au but qu'a eu le législateur en organisant la subrogation, but qui est d'étendre, le plus possible, le crédit des débiteurs. On invoque encore, en faveur de ce systéme, des arguments tirés de ce que l'on ne peut admettre la cession d'une créance éteinte par un paiement, de ce que, au cas où la subrogation est opérée par le débiteur, il ne peut y avoir cession d'une créance qui n'appartiendrait pas au cédant, et de ce que la subrogation a été placée par le Code au nombre des modes d'extinction des obligations.

Ces objections ne nous paraissent pas fondées ; la première n'est, en effet, qu'une pétition de principe ; la second s'évanouit si l'on considère que la subrogation est une fiction et que c'est le créancier qui est censé faire la subrogation ; enfin, en dernier lieu, il est vrai que la subrogation éteint la créance, mais vis-à-vis du subrogeant seulement.

Un autre système considère la subrogation à différents points de vue, selon qu'elle émane du créancier, ou qu'elle émane du débiteur ; au premier cas, c'est une véritable cession ; au second cas, le droit du créancier avec tous ses accessoires est éteint par le paiement, la créance et les droits que le prêteur acquiert sont une créance et des droits nouveaux, mais semblables et également forts : *jus simile et æque potens,* comme disait Dumoulin. C'est également ce qui a lieu dans la subro-tion légale, où seulement le subrogé tient de la loi ce qu'il tient du débiteur dans la subrogation conven-tionnelle.

Ce système, qui est celui de Toullier et de M. Duver-gier, se condamne si l'on considère que la loi ne dis-tingue nullement entre les diverses espèces de subroga-tion, quant aux effets qu'elles produisent. Au contraire, l'uniformité des termes qu'emploie le législateur, mon-tre bien que, dans sa pensée, toutes les espèces diverses de subrogation sont sur la même ligne quant à leurs effets.

Nous avons dit que la cession a certaine analogie avec l'indication de paiement; mais il est facile de voir quelles différences les séparent : l'indication de paiement n'opère pas le transport du droit, on peut l'assimiler au mandat; dans tous les cas, la créance reste toujours aux risques et périls de celui qui a fait l'indication de paiement (1).

(1) Pothier. *Vente*, n° 553.

POSITIONS.

Droit Romain.

I. Le débiteur assigné peut-il former contre le cessionnaire une demande reconventionnelle *ex persona cedentis?* — Non.

II. Le débiteur peut-il opposer l'exception du pacte *de non petendo* quand il est personnel, *ex persona cedentis?* — Oui.

III. Doit-on admettre qu'au cas de cession d'une obligation alternative au choix du créancier, la faculté de choisir passe au cessionnaire? — Oui.

IV. La cession d'une action hypothécaire peut-elle produire un effet dans certains cas? — Oui.

V. Sous la législation d'Anastase était-ce au débiteur à établir le prix que le cessionnaire avait payé au cédant? — Non.

VI. Le débiteur devait-il compte au cédant de l'excédant de la créance sur le prix de la cession? — Non.

VII. Les créanciers du cédant avaient-ils le droit de saisir la créance de leur débiteur entre les mains du cessionnaire, au mépris d'une cession antérieure? — Distinguo.

Droit Français.

I. L'action en révocation, pour cause d'ingratitude, peut-elle être cédée? — Oui.

II. Le créancier peut-il contraindre son débiteur à diviser son paiement par suite d'un transport partiel? — Non.

III. La cession d'une action comprend-elle les actions en nullité ou en rescision? — Non.

IV. Le créancier d'un débiteur qui a obtenu le bénéfice de la cession de biens peut-il opposer, après cela, la compensation de ce qu'il doit à ce débiteur? — Oui.

V. La ratification en majorité d'une lettre de change sous-crite en minorité est-elle de nature à faire produire à cet acte ses effets, notamment en ce qui touche la contrainte par corps ? — Non.

Droit Criminel.

I. Doit-on considérer comme coupable de tentative de vol l'individu qui s'étant introduit dans un local, au moyen d'effraction ou d'escalade, a été surpris avant de s'être mis en contact avec l'objet volé ? — Non.

II. Doit-on considérer comme une tentative de bigamie les publications que fait faire un individu déjà engagé dans les liens d'un premier mariage ? — Non.

III. Le fait de complicité sera-t-il puni de la peine que la loi eut prononcé contre le complice, s'il eut été l'auteur du fait puni ? — Non. — La peine sera celle que la loi a établie pour le fait puni.

Droit Administratif.

I. La loi du 3 mai 1841, sur l'expropriation pour cause d'utilité publique, est-elle applicable à la propriété mobi-lière? — Non.

II. Doit-on appliquer l'art. 117 du Code de Procédure, au cas de règlement de l'indemnité accordée par le jury aux propriétaires expropriés ? — Non.

APPROUVÉ :

Le Doyen de la Faculté de Droit de Toulouse,

DELPECH.

VU ET PERMIS D'IMPRIMER :
Toulouse, le 10 août 1858.

Le Conseiller honoraire à la Cour de Cassation, Recteur de l'Académie,

J. ROCHER.

Jury d'Examen :

M. **MOLINIER**, Président de la Thèse.

SUFFRAGANTS. MM. **DELPECH**, Doyen.
RODIÈRE.
BRESSOLLES.
DEMANTE.

9 782329 386973